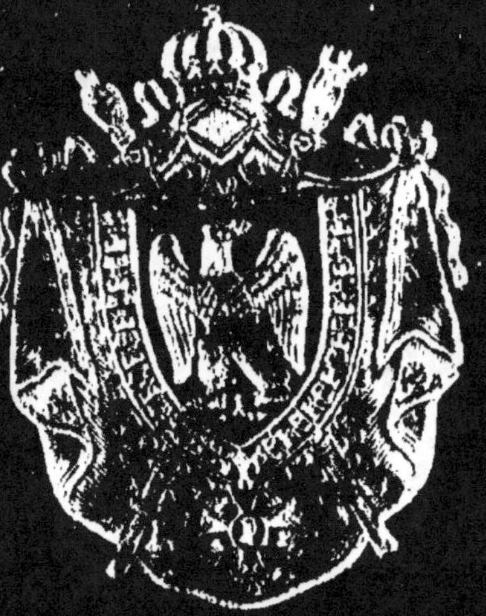

Yc
1273

Yb³
546 (8)

V. 2638.
B.

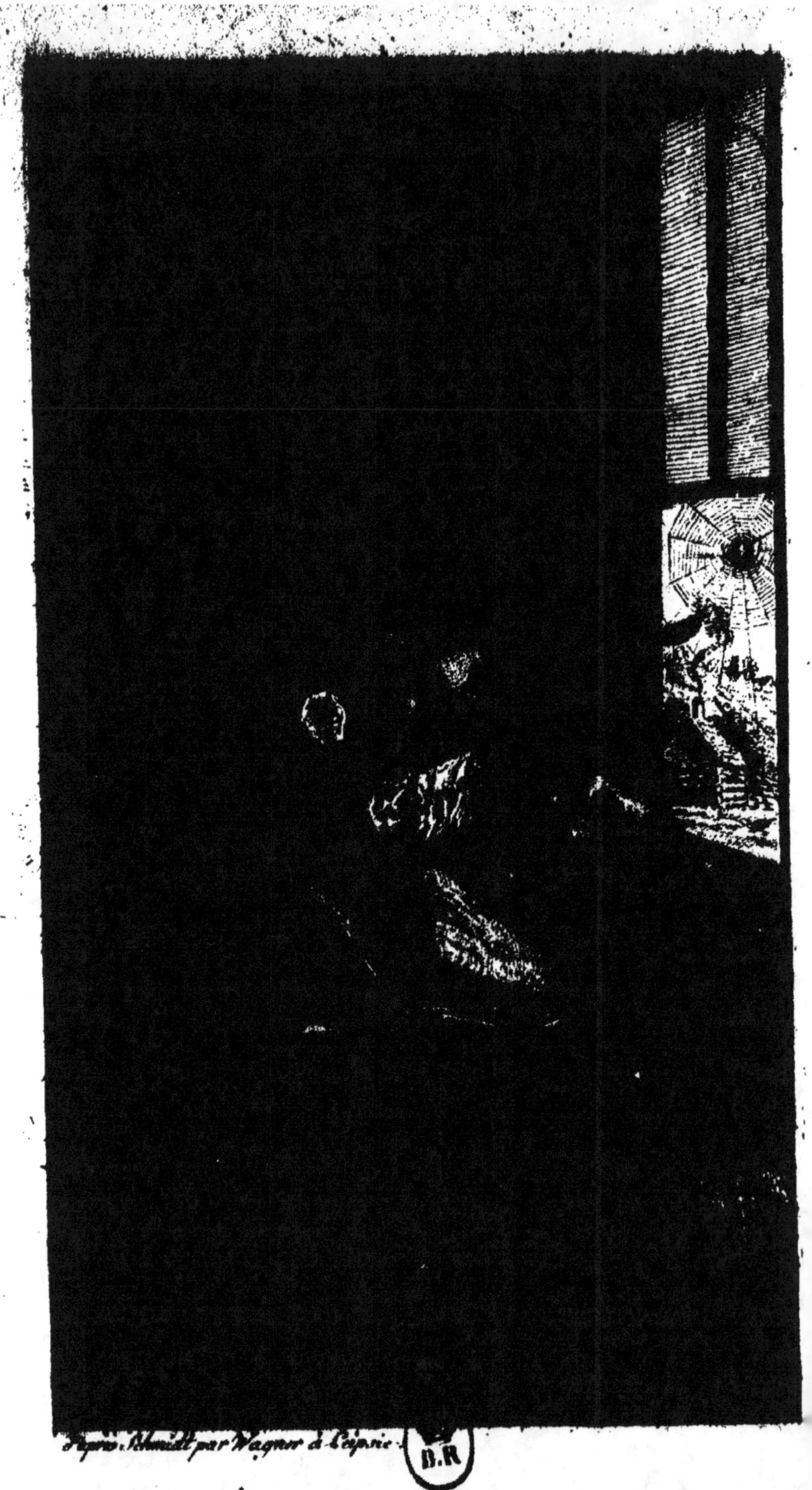

GEORGE FREDERIC SCHMIDT.

CATALOGUE RAISONNÉ

DE

L'OEUVRE

DE FEU

GEORGE FRÉDERIC SCHMIDT,

GRAVEUR DU ROI DE PRUSSE,

MEMBRE DES ACADÉMIES ROYALES DE PEINTURE
DE BERLIN ET DE PARIS, ET DE L'ACADÉMIE
IMPÉRIALE DE ST. PÉTERSBOURG.

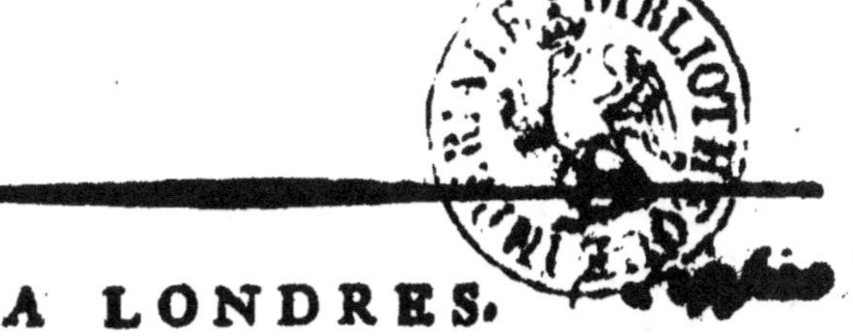

A LONDRES.

1789.

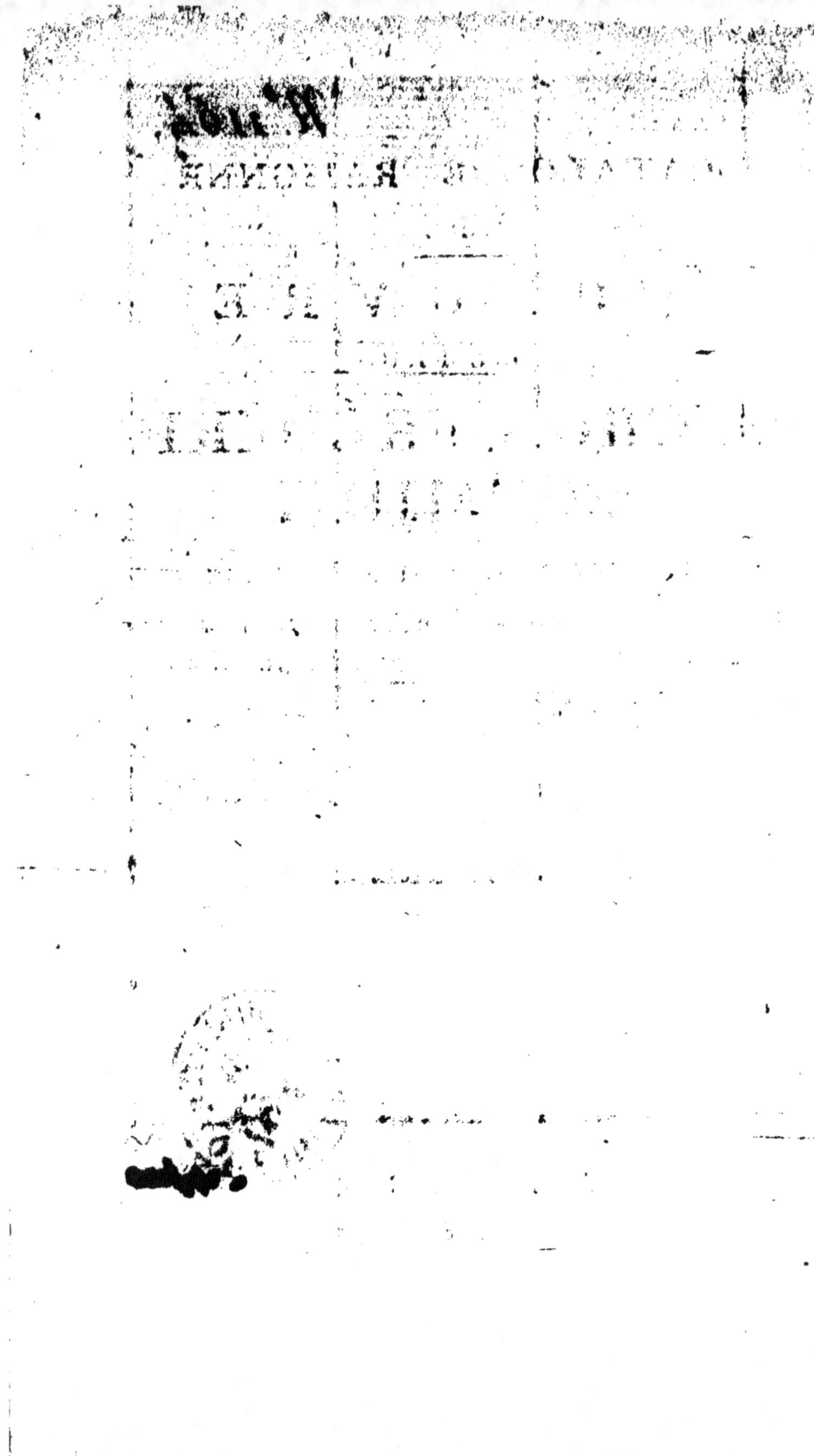

A
MONSIEUR WILLE,

GRAVEUR DU ROI DE FRANCE,

DE L'ACADÉMIE ROYALE DE PEINTURE ET DE
PLUSIEURS AUTRES ACADÉMIES.

[illegible]

MONSIEUR,

Vous avez été le premier ami de M. Schmidt & vous êtes resté après lui dans la carriere qu'il a fini avec tant de gloire. Devenu Français par l'adoption d'un Monarque protecteur de tous les talens, vous avez senti que les vrais artistes ne doivent point avoir de patrie, & qu'ils appartiennent au peuple qui sait le mieux les apprécier & les encourager.

Vos regrets ont suivi votre compatriote jusque dans le sein de sa famille, c'est un tribut que vous avez souvent payé à l'amitié, tant que vous avez pu correspondre avec lui.

Permettez-moi d'en faire autant aujourd'hui, Monſieur; je ne fais que m'acquiter envers vous, puisque je vous rends tout ce que j'en ai reçu. Je ne veux point faire rougir votre modeſtie par un compliment que perſonne ne trouverait déplacé, mais qui n'aurait rien de flatteur pour un homme qui a reçu les applaudiſſemens de toute l'Europe.

Je ſuis,

MONSIEUR,

Leipzig, ce 1. Sept.
1788.

Votre très-humble & très-
obéïſſant ſerviteur
* * *

t. Trayen

AVANT-PROPOS.

Depuis longtems les amateurs & les artistes demandent un catalogue exact & raisonné de l'oeuvre de Schmidt. Quelques amis, qui savoient que je possédois toute la collection de ce célèbre graveur & que j'avais fait plusieurs notes sur chacune de ses pieces, s'adressaient fréquemment à moi pour avoir des renseignemens. Pour les servir avec plus de zèle, non seulement je leur communiquai mes remarques, j'y fis encore des additions & je multipliai mes recherches à chaque demande; elles ont été si fréquentes que j'ai fini par faire un livre.

Le desir d'être utile à toutes les personnes qui aiment les arts, me détermine à le livrer à l'impression. Heureux si j'obtiens le suffrage de quelques connoisseurs, digne récompense de mes soins! Je n'ignore pas que M. de Heinecke a publié dans son IIIeme Vol, de *Nachrichten von Künstlern und Kunstsachen Leipzig*, 1786. un catalogue des estampes de

Schmidt, mais la brieveté avec laquelle il a traité son sujet, l'omission de plusieurs morceaux, & l'ordre peu commode pour les amateurs qu'il a suivi, ont encore ajouté à mon zèle, persuadé que les artistes & les curieux me sauroient gré de mon travail, malgré les imperfections qu'ils rencontreront sans doute dans mon livre. Du reste il n'a pas dépendu de moi de faire mieux & l'aveu de ma foiblesse, me donne des droits à leur indulgence. J'offre des détails qui étoient absolument nécessaires pour les mettre à portée de reconnoître facilement les pieces qui y sont indiquées, attendu que plusieurs de ces pieces ne portent pas le nom de Schmidt ou portent celui d'un autre graveur.

Un grand nombre de portraits & de sujets d'après Rembrandt, (car Schmidt a fait une étude particuliere de ce savant artiste) se trouvent à peu près du même genre ue faire, il eut été difficile de les distinguer sans une description circonstanciée.

Ayant fait l'acquisition d'un très-bel oeuvre qui formoit autrefois le porte-feuille

[o]

de notre artiste, je me trouve en état de donner des notions certaines de tous les morceaux qui le composent & de toutes les anecdotes qui sont énoncées dans ce catalogue. D'ailleurs j'ai été beaucoup aidé dans ce travail, par plusieurs amateurs, & artistes célèbres, spécialement par mon ami M. Wille, compatriote de Schmidt, par M. Cochin à Paris & M. le Recteur J. G. Meil le cadet à Berlin, j'ai trouvé dans leur commerce, toutes les lumières qu'on doit se promettre de trois artistes de cette célébrité.

Mon intention étoit au commencement de traduire la Vie de Schmidt, tel qu'on la lit dans les *Nachrichten von Künstlern und Kunstsachen II. Th. Leipzig*, 1768-69. publiés par M. de Heinecke; mais je m'apperçus bientôt que parmi plusieurs passages excellens, ils s'en trouvoient qui exigeoient d'être refondus & d'autres supprimés, j'ai composé un nouvel ouvrage, où l'on trouvera rapporté tout ce qui m'a paru digne de l'être.

M. Huber, littérateur estimé & connu dans la carrière des beaux-arts, par sa traduc-

tion de Winkelmann, & par fes Notices géné-
rales des graveurs &c. m'a aufli beaucoup
aidé de fes confeils, & fa modeflie ne fouf-
frira point j'efpere de l'hommage public que
je lui rends aux yeux d'une nation qui a fi
bien apprécié fes talens.

Schmidt avoit l'ufage de marquer les
épreuves choifies, d'un petit timbre avec fon
chiffre, & l'on trouve même des pieces qui
font marquées deux jusqu'à trois fois, mais
depuis fa mort on a abufé de la confiance des
amateurs par cette défignation.

J'avertis encore mes lecteurs que j'entens
conflamment par la droite ou la gauche de l'estampe la partie qui correfpond à la main droite, ou à la main gauche de celui qui la regarde.

Pour les mefures indiquées je me fuis fervi du pied du Roi.

Quelques foins que je me fois donnés pour
rendre ce catalogue aufli complet que poffible,
en faifant la defcription de chaque eftampe
particuliere, je n'ai pu indiquer que les fujets
des No. 2, 34, 46, 105, 106 & 186. malgré toutes
les peines que je me fuis données pour me

les procurer, leur extrême rareté a rendu mes recherches inutiles. C'eſt ici que je dois prevenir les amateurs de la grande difficulté de raſſembler l'oeuvre complet de Schmidt. Il a non ſeulement cela de commun avec tant d'autres artiſtes, mais encore ſes change-mens de ſéjour dans des villes auſſi diſtantes, que Berlin, Paris & St. Petersbourg, où dans chacune de ces villes il a laiſſé une partie de ſes planches & des épreuves, rendent difficile de le raſſembler complet.

Je dois encore prevenir les amateurs d'ê-tre attentifs, lorsqu'ils ſont l'achat des eſtam-pes de Schmidt de ne pas confondre un nommé J. G. Schmidt vivant aĉtuellement à Berlin, qui n'a jamais gravé que des vues, des châ-teaux, des jardins & objets pareils.

Les curieux obſerveront avec moi, que parmi les premiers ouvrages de Schmidt, l'on trouve des pieces mieux gravées que les ſui-vantes: la raiſon en eſt, que ſon maître Buſch retouchoit & corrigeoit ſes planches, & que pendant ſon ſéjour à Paris il jouiſſoit de pareils ſecours & des inſtruĉtions du célèbre Rigaud.

[o]

Dans chaque divifion j'ai placé les pieces d'après leur ordre chronologique. Sur plufieurs eftampes on trouve l'année marquée par l'artifte même, fur les autres j'ai tâché de l'indiquer; malgré mon exactitude j'ai pu me tromper quelquefois d'un an, erreur de peu de conféquence. J'ai cru par cet arrangement indiquer aux amateurs & encore plus aux artiftes les progrès que Schmidt a fait fucceffivement dans fon art.

———————

ABRÉGÉ
DE LA VIE
DE
GEORGE - FRÉDERIC SCHMIDT.

George - Fréderic Schmidt, fils d'un drapier, naquit à Berlin le 24. Janvier 1712. Ses parens hors d'état de lui donner une éducation conforme à son génie, se virent obligés de le retirer de l'école dès l'âge d'onze ans, pour lui faire apprendre le métier dont ils tiroient leur subsistance: mais l'enfant, entraîné par un goût invincible pour le dessin, employoit à cultiver cet art, toutes les heures que son travail ordinaire laissoit à sa disposition. Livré à lui même, sans conseil & sans instruction les deux premières années, il ne se laissa point décourager.

Enfin la fortune lui étant devenue plus propice, il eut la permission d'assister aux leçons gratuites de dessin qui se donnoient à l'Académie royale. Les objets qui frapperent dès-lors ses yeux, devoient naturellement augmenter sa passion pour l'art. Il se sentoit de la disposition pour la peinture, & il vouloit à tout prix se livrer à son goût, mais le peu de fortune de ses parens, y mettoit un obstacle invincible. Son pere, homme très-assidu à son travail, exigeoit de son fils qu'il s'occupât plus sérieusement de l'état qu'il lui avoit donné. Le jeune Schmidt eut donc été perdu pour son art, si les di-

[o]

recteurs de l'Académie, dont il s'étoit acquis la
bienveillance par son zèle & par son assiduité,
n'eussent pris sur eux le soin de le placer. Ils furent
eux-mêmes contrariés dans leur projet, parceque
dans ce moment il ne se trouva aucun peintre qui
eut besoin d'un éleve; & leur protégé toujours per-
sécuté par son pere se vit obligé, à son grand regret,
de renoncer à la peinture & de choisir la gravure.
Il s'attacha au graveur George-Paul Busch, qui
à cette époque cherchoit un disciple.

Busch, parfaitement honnête homme, n'étoit
pas assez habile dans son art pour suffire au génie
ardent de son éleve; mais, il suppléa à ce défaut,
en lui procurant toutes les occasions de consulter
les ouvrages des grands maîtres, & en lui fournis-
sant les moyens & le tems de se perfectionner sur les
modeles des premiers graveurs. On sait combien il
est difficile de parvenir à rendre le beau dans un art,
à moins d'être guidé par un bon maître. Schmidt se
roidissant contre les difficultés, apportoit une application infatigable pour atteindre au degré de perfection qu'il admiroit dans ses modeles. Il avoit même
fait d'assez grands progrès dans les trois premieres
années de ses études, lorsqu'il lui arriva un accident, qui manqua de l'éloigner pour jamais de la
carriere des arts. En 1730. il fut forcé de s'enrôler
dans le corps d'artillerie. Quoique ce malheur le
frappât sensiblement, il ne perdit pas courage, & il
continua même dans cet état à cultiver son art avec
la même ardeur. Il se nourrissoit de l'espérance,
que la fortune lui fourniroit des moyens de quitter
le service; il ne se trompa point, car lorsqu'on vit
au bout de six ans, qu'il ne grandissoit pas, il reçut

par l'entremife du Feld-Maréchal de Grumkow,
le congé tant defiré.

Ce contre-tems n'avoit pu l'éloigner, ni de
la gravure, ni de fon maître; mais la méchanceté,
& la jaloufie d'un de fes condifciples, l'obligea en
1730. de le quitter. Comme ce malheureux a fait
peu d'honneur à l'art, fon nom ne mérite pas d'ê-
tre configné dans cette notice.

Dans le premier moment, Schmidt fut affez
embarraffé pour trouver fa fubfiftance. Comme on
ne connoiffoit pas fon mérite, il reftoit fans ouvrage. Il commença donc à donner des leçons de
deffin, pour avoir de quoi vivre, & pour con-
tinuer fes études. Il alloit régulicrement à l'Académie, aux leçons publiques & particulieres; il
gagna l'amitié de M. de Knobelsdorf, qui appre-
noit le deffin dans le même tems, & qui pendant
toute fa vie lui a donné des preuves fenfibles de
fes bontés.

Les progrès que Schmidt faifoit dans l'art, ex-
citoient de plus en plus le défir qu'il avoit d'aller
en France; une occafion inopinée combla fes voeux.
Il partit pour Paris le premier Juillet 1736. Schmidt
étoit accompagné de Hoeder, jeune peintre de Berlin, & M. Wille, qui fe rendoit également à Paris,
fe joignit à eux à Strasbourg. Ils firent la route en-
femble & arriverent dans cette patrie des arts à la fin
de Juillet, époque où les arts floriffoient le plus en
France. C'eft de ce voyage que date l'amitié qui
a conftamment fubfifté entre ces deux célèbres graveurs. Schmidt, à fon départ de Berlin, avoit
amaffé plus de cent rixdalers à l'occafion du portrait

qu'il avoit fait du Patriarche Dorofianus de Conflan-
tinople, dont il eft queftion au No. 93. de ce catalogue. Il avoit encore une bonne partie de cet argent en arrivant à Paris; car il avoit vécu d'écono-
mie en chemin.

C'étoit s'embarquer pour un nouveau monde,
fans y avoir des connoiffances, fans recommanda-
tions, & fans favoir la langue; mais comme il ne
manquoit pas de réfolution, il alla tout droit chez le
peintre Lancret, ami de Pesne. Il lui fit part de
fon plan, des motifs de fon voyage, & fur-tout de
l'envie qu'il avoit d'étudier à fond fon art, & d'entrer pour cet effet chez un habile artifte. Il lui mon-
tra ce qu'il avoit fait à Berlin, & Lancret qui en
fut content, le mena lui même chez M. de Larmeffin,
habile graveur, avec lequel il s'arrangea bientôt.
Avant de s'établir entièrement dans la maifon de fon
maître, il grava d'après Lancret la belle Grecque
& le jeune Turc. Pendant fon féjour chez M. de
Larmeffin, quoiqu'il fut obligé felon la convention
qu'il avoit fignée de travailler pour fon maître, il
grava deux petits portraits pour le marchand d'estampes Odieuvre; mais il les grava en cachete,
& pour cet effet il fe levoit de très-grand matin &
s'en occupoit pendant le tems que toute la maifon
dormoit encore, ainfi que les fêtes & les di-
manches. Odieuvre ne lui payoit que vingt livres chaque portrait; c'étoit peu, mais Schmidt
difoit. „Il faut étudier, avoir de l'argent, & fe
„mettre en liberté." Il fe mit effectivement en liberté, fe logea en chambre garnie dans l'efpoir d'ê-
tre mieux payé. Il fe trompa, il fut encore obligé
de travailler pour M. de Larmeffin & fon marchand

[o]

Odieuvre. Le premier le payoit à la vérité mieux
que le fecond, mais comme il ne pouvoit obtenir
de l'un & de l'autre que douze épreuves avec fon
nom de fes planches, il fe dégoûta abfolument de
travailler pour eux.   Ennuyé d'ailleurs de graver des Contes de la Fontaine, le genre des portraits lui parut plus agréable.   La beauté de
fon burin l'invitoit à ce travail, & Odieuvre en
profita.   C'eft alors qu'il commença à graver ce
nombre de portraits, qui portent l'adrefle d'Odieuvre & dont il y en a plufieurs qui font charmants,
tels que l'Abbé Bignon, Law, Parrocel &c.   Malgré cela Schmidt n'a jamais reçu, ainfi que bien
d'autres graveurs de ce tems, plus de 48 livres par
portrait; mais il fallut en paffer par-là, du moins
étoit-il affûré que fon nom refteroit éternellement
fur fes ouvrages & que tôt ou tard il feroit affez
connu pour avoir des occupations plus importantes.
Malgré le peu de profit que Schmidt avoit tiré jufqu'à ce moment de fon burin, il ne laiffa pas d'em-
ployer une partie de fon tems au deffin, fachant que
les arts qui ont la nature pour objet, doivent être
cultivés & approfondis fans relâche.   Quoiqu'il
en foit, Schmidt fut enfin connu & plufieurs artistes de fes amis le prônèrent fincérement.   Il eut des
ouvrages & des honoraires analogues à fon talent &
à fon mérite, & ce fut alors que fon génie avide d'inf-
truction trouva ce qu'il cherchoit, n'ayant jufqu'alors que tâtonné dans les ténebres. Larmeffin de
fon côté avoit eu l'honnêteté de ne lui rien cacher &
de lui procurer tous les avantages dont il avoit befoin
en qualité de commençant.   Mais un artifte peut-il
cacher quelque chofe à fes éleves qui voient faire

& qui 'ont fous leurs yeux les ouvrages de tous les excellens graveurs?

Après avoir travaillé fept mois chez cet artifte il réfolut de s'établir & de travailler pour fon compte. Dans cette pofition il ne cherchoit à gagner exactement que ce qu'il lui falloit pour fubfifter; il employoit le refte du tems à fe perfectionner dans fon art & à lier connoiffance avec les meilleurs artiftes. Perfonne cependant ne s'intereffoit plus vivement en faveur de Schmidt que le célèbre peintre Hyacinthe Rigaud qui donna en cette occafion une grande preuve de fa noble façon de penfer, en comblant de bontés notre jeune artifte. Schmidt aiguillonné par la gloire, afpiroit de parvenir au même degré où d'autres grands artiftes étoient parvenus & défiroit de donner au public quelques preuves de fa capacité. Il fit part de fon projet à Rigaud, & le pria de le feconder. Rigaud auffi charmé qu'étonné de l'air réfolu du jeune artifte, lui demanda s'il avoit les moyens d'entreprendre un ouvrage qui exigeoit beaucoup de tems? Schmidt lui ayant répondu qu'il avoit pris fes mefures à cet égard, le peintre lui dit, en le frappant amicalement fur l'épaule: „Je remarque en vous ce feu que j'aime tant chez les „jeunes gens. Voici un portrait dont l'original eft „encore vivant (c'étoit celui du Comte d'Évreux). „Déployez-y toutes vos forces, vous n'aurez pas „fujet de vous en repentir, vous pouvez compter „fur moi."

Schmidt grava donc ce portrait, & mérita par fon travail l'approbation de Rigaud, ainfi que celle du Comte d'Évreux, dont il reçut un préfent confidérable, accompagné d'un remerciment obligeant.

[o]

M. Rigaud, redoublant d'amitié pour le jeune
Schmidt, le mena un jour chez l'Archevêque de
Cambray, pour lui faire obtenir l'agrément de
graver son portrait. Ce Prélat ne lui cacha point,
qu'il le trouvoit encore bien jeune; mais il céda
aux instances de Rigaud, & après les avoir gardés à
dîner, il renvoya Schmidt très-content de son accueil. Le Prélat ne conclut point de marché avec
l'artiste, & pour lui faire voir, combien la recom-
mendation de Rigaud lui donnait bonne idée de ses
talens, il l'assûra, que sa reconnoissance seroit pro-
portionnée au soin qu'il mettroit à son travail.
Schmidt eut tout lieu de se louer de la générosité du
Prélat; car lorsqu'il lui apporta la premiere épreuve
de son portrait, il en reçut 3000 livres & une tabatiere d'or. Schmidt garda la planche pour lui & en
tira un profit considérable; trait généreux que nous
avons cru devoir rapporter. La voix publique le
déclara alors un des meilleurs graveurs de l'Europe;
aussi Schmidt fut-il plus sensible à cette distinction
qu'au profit. M. de Knobelsdorf, devenu Intendant-
Général des Bâtimens du Roi de Prusse, vint à
Paris dans l'automne de 1740. Son premier soin
fut de s'informer de son ancien camarade à l'Académie, dans l'intention de le ramener avec lui à Berlin, où le Roi, disoit-il, le rappelleroit dans peu;
mais la premiere guerre de Silésie commencée vers ce
tems recula cette époque de quatre ans. Pendant
cet intervalle, Schmidt s'étoit acquis une telle réputation, que de Larmessin son premier maître l'engagea à se présenter à l'Académie. Schmidt ne
voulut faire aucune démarche sans consulter Rigaud,
s'imaginant d'ailleurs que sa qualité de Protestant
pouvoit mettre des obstacles à sa réception. La

[o]

même objection lui fut faite par Rigaud, qui ne crut pourtant pas la chose impossible & qui promit de s'en informer plus particulierement. Il s'adressa au Contrôleur-Général M. Orry qui se chargea d'en parler au Roi Louis XV. Peu de jours après l'Académie reçut la lettre suivante:

Fontainebleau, ce 3. Mai, 1742.

MESSIEURS,

Monsieur Schmidt graveur, a supplié le Roi de faire en sa faveur une exception à la loi, qui défend de recevoir aucun proteftant dans les Académies royales, & de permettre qu'il se préfente dans l'Académie de peinture & de fculpture. Sa Majefté, ayant égard au mérite particulier de M. Schmidt, connu pour s'être diftingué dans la gravure, approuve fa demande, &c.

Je fuis,

MESSIEURS,

Votre très-humble,
Orry.

Les obftacles étant levés, l'Académie fensible à la bonté du Monarque, s'empreffa d'accueillir un artifte, dont elle connoiffait le talent. Schmidt préfenta ses ouvrages avant la fin du mois de Mai. Ils furent généralement approuvés, & on le chargea de graver pour son morceau de réception le portrait de Pierre Mignard. Cette planche fut terminée en 1744. après quoi il fut reçu par la voie du fcrutin & avec les formalités ordinaires.

Des l'année 1743, fa Majefté le Roi de Pruffe rappella Schmidt à fon fervice en qualité de graveur

de la cour, & le gratifia d'une penfion. Les foins
que Rigaud & Lancret s'étoient donnés pour applanir les obftacles de fa réception, n'avoient fans
doute d'autres motifs, que de le fixer à Paris.
Lorsque fa vocation à Berlin devint publique, le
Tréforier-Général de l'ordre du St. Efprit, depuis
Contrôleur-Général des finances, M. de Boulogne, employa tout fon crédit pour l'engager à
refter en France. Il lui repréfenta, que l'honneur
lui tenant plus à coeur que le lucre, il n'y avoit
point de pays, où l'art fut plus eftimé qu'en France,
&, ajouta-t-il en ouvrant un tiroir rempli d'or:
„Si vous manquez d'argent prenez en ici, tant qu'il
„vous plaira, en attendant que je puiffe faire da-
„vantage pour vous.“ Schmidt, quoique très-fenfi-
ble à cette générofité, préféra fa patrie. Ferme dans
fa réfolution, il refufa une penfion de 1200 livres que
M. Orry lui offrit bientôt après, avec la perfpec-
tive d'un logement au Louvre. Ayant reçu l'argent de fon voyage de la part de fon Roi, il partit
de Paris au commencement de Septembre 1744. pour
fe rendre à Berlin, où il arriva, le 8. d'Octobre.
Avant de quitter Paris, il deffina à plufieurs cra-
yons le portrait de fon ami Wille, qui le poffède
encore, & fur lequel fe trouve fon nom & l'année
1744. Ce portrait eft gravé à Paris 1753. à l'eau-forte
par Rode. Schmidt poffédoit à un haut degré le talent, qui n'eft pas commun même chez les meilleurs
graveurs, de deffiner d'après nature.

La feconde campagne de Siléfie, ayant durée
jusqu'à la fin de l'année 1745. Schmidt ne fut préfenté au Roi qu'au mois du Juillet 1746. Ce fut par
M. l'Intendant-Général de Knobelsdorf, & notre

artiſte eut lieu d'être content de l'accueil du Monarque. La Reine, mère du Roi, ayant defirée de le voir, il fut préſenté à cette Princeſſe. qui le reçut avec beaucoup d'affabilité & accepta avec bonté quelques uns de ſes ouvrages qu'elle admira, & pour lesquels elle lui fit préſent d'une belle tabatiere d'or. Il épouſa le 27. Octobre de la même année Dorothé-Louiſe Videbandt, fille d'un marchand de Berlin. Il vécut dans cette ville jusqu'en 1757. & il y travailla beaucoup, comme on le voit par ſon oeuvre. Ce fut à cette époque que l'Impératrice de Ruſſie, Eliſabeth, l'appella à St. Petersbourg en partie pour graver ſon portrait, & en partie pour faire des arrangements convenables à l'inſtruction des jeunes graveurs de l'Académie Impériale de cette ville. Les troubles cauſés par la guerre, le determinérent à accepter les offres avantageuſes de là cour de Ruſſie. Après avoir obtenu une permiſſion tacite de ſon Roi, il s'engagea pour cinq ans. S'étant embarqué le 24 Août à Lubeck, il arriva heureuſement à St. Petersbourg le 27 Septembre. Il jouit à cette cour de tous les honneurs auxquels un artiſte de ſon mérite pouvoit aſpirer, & il eut ſurtout à ſe louer de M. le Grand-Chambellan Ivanowitſch Schouwalow, dont l'amour pour les arts & la protection qu'il leurs accorde, ſont ſuffiſamment connus. Schmidt pendant ſon ſéjour à St. Petersbourg, a mis au jour de très-belles planches, parmi lesquelles on diſtingue ſurtout le portrait de l'Impératrice, figure en piéd d'après Tocqué. Ce portrait, qu'il avoit commencé en 1759. fut fini en 1761. ſix jours avant la mort de cette généreuſe Souveraine. Elle l'avoit vu encore & elle en fut ſi contente, qu'elle donna ordre de payer au graveur mille ducats à titre de gratification, fomme qu'il n'a jamais touchée, à caufe de la mort de l'Impératrice.

Nous ne nous étendrons point ici fur les portraits des Comtes Woronzow, Schouwalow, Efterhazy, Rafoumowsky, & fur d'autres qu'il a publiés à St. Pétersbourg, parmi lesquels fe trouve auffi le bufte du Comte de Bruhl, Premier-Miniftre du Roi de Pologne.

Les cinq années de fon engagement étant écoulées, il obtint fon congé. Pénétré des bontés de la cour, il quitta St. Pétersbourg le 2. d'Août 1762. Sa Femme étant venue à fa rencontre à Hambourg; il arriva avec elle dans fa ville natale le 18 Septembre.

De retour à Berlin il reprit fes fonctions avec une nouvelle ardeur, & il enrichit le public de plufieurs planches eftimées. Cependant depuis cette époque il a moins gravé au burin qu'à l'eau-forte. Les pieces qu'il a publiées dans le goût de Rembrandt feront toujours recherchées des vrais connoiffeurs & le mettent au rang des plus célèbres artiftes du dix-huitieme fiecle.

Schmidt mourut d'apopléxie à Berlin le 25 Ianv. 1775. au moment qu'il fongeoit à faire fon teftament en faveur de plufieurs de fes anciens amis, & dans l'intention de léguer tous les objets qui concernent les arts à l'Académie Royale de Peinture de Paris. Ses héritiers, parmi lesquels fe trouvent fes deux fœurs, étoient pour la plupart de pauvres artifans, à l'exception du Commiffaire Royal Guericke. C'eft ce dernier qui poffède actuellement toutes les planches du fonds de Schmidt: les autres font res-

tées entre les mains de ceux qui les ont fait graver;
C'est cet héritier qui vend aujourd'hui les épreuves
de ces mêmes planches & celles de ses autres estampes, dont il s'est trouvé une partie considérable
après la mort de l'artiste. Schmidt avoit coutume
de tirer un bon nombre d'épreuves des planches
qu'il avoit gravées pour d'autres.

Dans ses têtes gravées, soit d'après Rigaud &
d'autres maîtres, soit d'après ses propres dessins,
tout vrai connoisseur admirera toujours & l'intelli-
gence ferme du peintre, & le contour énergique du
dessinateur.

On ne trouve, ni dans ses draperies, ni dans
ses carnations, ni dans ses fabriques, aucun de ces
travaux luisans, qui imitent l'acier & qui nuisent à
l'harmonie du tout. Il est des détails que la nature
a réservés aux seuls ouvrages en métal & que notre
graveur a su rendre avec tant d'art dans ses armures,
poignards, épées &c. Ces sortes de travaux jettent
de l'éclat dans ses estampes; mais point dans ses
étoffes, cheveux, linge &c. Ses fourures sont na-
turelles, & dans ses draperies on ne rencontre aucun
pli mal-entendu; tout est distinctement prononcé
dans ces ouvrages, soit par la diversité étonnante des
détails dans la gravure, soit par l'application des
couleurs dans la peinture.

A la vue de pareils ouvrages, il faut juger at-
tentivement chaque trait, pour se former une idée
nette du génie de l'artiste. Les avantages d'un
graveur de la trempe de Schmidt, naissent de la
force du dessin, que l'on remarquera toujours, sur-

tout dans cette quantité de morceaux précieux, qu'il grava à l'eau-forte pour fon amufement.

Pourrions-nous donner de meilleurs confeils aux artiftes, jaloux de fe faire un nom, que de les engager à étudier le maniement du burin & de la pointe de cet habile homme?

Quiconque faura deffiner comme Schmidt, trouvera qu'il eft difficile d'être négligeant. Tout ce qu'il grava à l'eau-forte eft, pour les vrais connoiffeurs, un tréfor que les tems à venir acheteront au poids de l'or, & pour les jeunes artiftes une reffource capable de les guider dans leurs travaux. Pour preuve de ce que nous avançons, nous allons citer différens morceaux & nous croyons rendre fervice aux amateurs, qui ne font pas curieux de former tout l'oeuvre, de leur indiquer quelques unes des plus belles pour en faire un choix, fans faire attention à la rareté plus ou moins grande de ces pieces.

1) Le portrait de St. Albin l'Archevêque de Cambray. No. 47.

2) Le portrait de Mignard. No. 59.

3) Le portrait de Pesne. No. 69.

4) Le portrait de l'Impératrice Elifabeth. No. 82.

5) La Réfurrection de la fille de Jaïre. No. 165.

6) Le Philofophe dans fa grotte. No. 166.

7) La Préfentation au Temple. No. 167.

8) St. Pierre après le reniement de fon maître. N. 170.

Schmidt étoit honnête homme & ami de l'ordre; ses idées principales étoient tournées du côté de son art, dont il étudioit sans cesse les diverses parties. Il avoit senti de bonne heure, que la perfection seule produisoit la célébrité & procuroit l'aisance à l'artiste, jaloux d'acquérir l'une & l'autre. Ses efforts furent couronnés du plus grand succès. Avec de l'esprit naturel il aimoit la lecture, & se faisoit gloire d'être philosophe.

On a reproché à notre artiste d'avoir été jaloux de ses confreres, reproche sans fondement, puisqu'il n'y avoit que M. M. Wille & Daulé qui fussent ses égaux. Il étoit l'intime ami du premier, & marquoit la plus grande estime pour le burin de Daulé. Sans doute il ne pouvoit pas s'empêcher de voir que Daulé lui étoit fort inférieur pour le dessin; mais il n'en parloit jamais. Il étoit intime ami de Preisler, & sans exception de tous les artistes de quelque distinction qui vivoient alors. De qui auroit-il pu être jaloux, puisqu'il ne l'étoit pas des deux qui seuls pouvoient disputer de talents avec lui. Il ne pouvoit pas non plus être jaloux dans la suite de personne à Berlin, où certainement il ne trouvoit pas des rivaux, dignes d'exciter sa jalousie, & jamais dans aucun tems l'on a apperçu en lui la moindre trace de ce sentiment.

Il n'étoit pas ennemi de la plaisanterie, & plusieurs artistes, qui n'étoient pas de sa force, se sont plaint, qu'au lieu de répondre à leurs demandes par de bons avis, ils n'en obtenoient souvent que des remarques séches ou ironiques; mais Schmidt étoit bon juge, & quoiqu'enclin à la raillerie, il étoit juge très-sincere. D'après cela on peut se figurer que le préfompteux artifle qui ne chercheoit que des complimens fur fes productions, ne devoit pas compter fur des confeils inftructifs de fa part.

Schmidt avoit des vertus & des qualités louables, puisqu'il a eu de véritables amis parmi les vrais artifles. Les célèbres peintres Pesne à Berlin & Dietrich à Dresde, en faifoient un cas fingulier. Pendant fon féjour à Paris, il s'étoit lié d'amitié avec les meilleurs artifles tels qu'un Rigaud, un de Largilliere. Ses amis ordinaires avec lesquels il vécut familierement, étoient M. M. Maffé, Parrocel, le Bas, les frères Dupuis, Couflou, Preisler, le Chevalier Cochin, de la Tour, & furtout le célèbre Wille. Les trois derniers, avec lesquels il a été en correfpondance jusqu'à la fin de fes jours, l'ont pleuré en apprenant fa mort.

Tel fut Schmidt d'après le témoignage de fes contemporains. A l'âge de trente deux ans, il quitta Paris, & conferva toute fa vie le caractere qu'il avoit alors à quelques modifications près. Et à cet âge l'homme a ou doit avoir un caractere décidé. Il a été accufé d'avarice & de févérité dans fon domeftique. La preuve qu'on en a donnée, c'eft la conduite qu'il a tenu à l'égard de fon fils unique mort avant lui. Ce fils étant fouvent fans argent, lui déroboit fes belles eftampes & les vendoit à vil prix pour s'en procurer; & Schmidt fans doute plus économe qu'avare, l'en reprenoit un peu févérement, fe fouvenant d'avoir été à l'étroit dans fa jeuneffe. D'ailleurs le père ne devoit-il pas connoître le caractère de fon fils? Il eft certain que s'il lui donnoit fouvent moins d'argent qu'il en exigeoit, ce n'étoit que par prudence & pour le contenir par-là dans les bornes du devoir; & ce moyen n'ayant pas réuſſi, il fut obligé de le ramener de force à ſe corriger, ce dont le coeur paternel ſouffroit cruellement. Le chagrin qu'il éprouva à la mort de ce fils n'a pas peu contribué à le conduire au tombeau. Schmidt avant cette époque s'étoit toujours nourri de l'eſpérance de le conduire lui-même à Rome, lorsqu'il ſeroit aſſez avancé pour en profiter.

Schmidt étoit robuſte, de moyenne taille & aſſez bien proportionné; ſa phyſionomie étoit expreſſive, ſon viſage un peu large & d'un pâle rembruni; il avoit le nez retrouſſé, les levres groſſes, les ſourcils noirs & de grands yeux de même couleur. Tout cela rendoit ſon abord aſſez ſérieux, d'autant plus qu'il avoit la vue extrémement courte & qu'il étoit obligé d'approcher de très-près les objets pour les diſtinguer. Dès ſa jeuneſſe il avoit de la diſpoſition à devenir fort replet.

Sa femme, qui n'étoit pas des mieux partagées de la nature, eſt très-bien repréſentée en Couſeuſe dans le portrait qu'en a donné notre artiſte.

Schmidt n'a formé à Paris qu'un ſeul éleve; c'eſt M. Ficquet, fils d'un profeſſeur de l'univerſité. Cet éleve reſta pluſieurs années chez lui, même jusqu'à ſon départ. M. Ficquet à fait honneur à ſon maître, & s'eſt rendu célèbre par ce fini prodigieux, qu'on trouve dans ſes petits portraits. M. E. Tſchemeſoff fut ſon éleve à St. Petersbourg, & M. Antoine Auguſte Beck & M. Daniel Berger, furent ſes diſciples à Berlin.

PREMIERE PARTIE.

GRAVURES

AU

BURIN.

PORTRAITS.

A

No. 1.

La tête d'un Chanoine. C'eſt le premier morceau que Schmidt a gravé, & dont il n'a tiré
qu'environ 20 exemplaires: ce n'eſt d'ailleurs qu'une
copie d'après le portrait de Nicolas Blampignon, Doct.
Sorb. Paſtor S. Mederici, qu'Edelink à gravé l'année 1702. d'après Vivien. Il eſt aiſé de s'en con-
vaincre en comparant l'original avec la copie, qui ſe
trouve dans la précieuſe collection de l'oeuvre de
Schmidt, qui nous a ſervi de baſe pour la compoſition
de ce catalogue. Elle eſt ſans inſcription & ſans nom
de graveur. La hauteur eſt de 4 pouces 6 lignes & la
largeur de 3 pouces 2 lignes. Cette eſtampe doit être
de l'année 1729.

No. 2.

La tête du Peintre Philippe de Champagne; d'après le portrait d'Edelink, que ce graveur regardoit comme ſon chef-d'oeuvre. Sans le nom
de Schmidt.

No. 3.

Le port du Prince Léopold d'An-
halt - Deſſau, et buſte dans une bordure ovale. Il
eſt tourné vers la main gauche de l'eſtampe & décoré
du cordon & de l'ordre de l'aigle noir. Il porte une
grande mouſtache & les cheveux en queue, mais courts
d'ailleurs, & il eſt coiffé d'un chapeau ſingulierement

retrouſſé. On lit en bas: Leopoldus Fürſt von Anhalt - Deſſau. Gravé par George Fried. Schmidt, à Berlin. Le nom du peintre ne s'y trouve pas, quoiqu'il doive être de Pesne. En comparant ce portrait à celui que Buſch a gravé en petit in-folio, on voit d'abord que Schmidt l'a copié, ſans pourtant y ajouter la branche de laurier qui ſe trouve ſur le chapeau de l'original. La l. eſt de 2 p. 4 l. & la h. de 3 p. 6 l. L'on rencontre de ce prince un portrait d'après le même tableau & dans le même ſens par M. Wille à Paris.

No. 4.

Le portrait du Paſteur Dieterich dans une bordure ovale, autour de laquelle on lit: Achatius Mathias Dietrich Prediger zu St. Marien in Berlin. Il eſt repréſenté avec l'habit ordinaire de prêtre luthérien, la main gauche ſur ſa poitrine. On voit au deſſous ſes armes portant deux paſſe-partout. Plus bas on lit 1 Cor. 11. 2. Ich hielte mich — gekreutzigten. Ce portrait a eté fait à Berlin par Schmidt pour ſon maître Buſch. C'eſt par cette raiſon, qu'on lit ſur les épreuves ordinaires G. P. Buſch ſculpſit Berolini 1734. au lieu que dans les 150 premieres on trouve le nom de Schmidt. Ces dernieres ſont d'une grande rareté. La h. eſt de 10 p. & la l. de 7 p. Après la mort du paſteur Dietrich, Buſch a retouché ce portrait & y a fait quelques changemens. L'on diſtingue ces dernieres épreuves par ces mots ajoutés, Leichen-Text &c. & la date de ſa naiſſance & de ſa mort.

No. 5.

Le portrait du Paſteur Müller, repréſenté avec l'habit ordinaire de prêtre luthérien. On ne voit pas de mains. On lit en bas: Friederich Ludewig

Müller, Paſtor zu St. Ulrich und Levin in Magdeburg. Cette gravure eſt ſans le nom de Schmidt, & ſans l'année. Elle eſt auſſi très-rare. La h. eſt de 10 p. 3 l. & la l. de 7 p. 1. L. Cette eſtampe a été gravée vers l'année 1734.

No. 6.

Le portrait de Klermond. La figure eſt repréſentée debout & juſqu'aux genoux; la tête eſt vue de trois quarts. L'inſcription eſt: Johann Adam Klermond, Erb- und Gerichtsherr zu Neuenburg, Gülpen und Margraten &c. Natus 1673. d. 20. Jul. denat. 1731. d. 2. Jun. G. F. Schmidt ſculpſit. Cette piece a été faite par notre artiſte pour ſon maître Buſch, qu'on trouve ſur les épreuves du jour: mais les 150 premieres ſont avec le nom de Schmidt, & par conſéquent très-rares. Dans la collection que nous avons ſous les yeux, il y a une épreuve ſans les noms, ni de Buſch, ni de Schmidt. La h. eſt de 17. p. 7. l. & la l. de 12 p. Elle doit être de 1734. La comparaiſon entre ce portrait & celui de Charles d'Hozier, gravé par Edelink d'après H. Rigaud, & conſervé dans notre collection, fait voir que Schmidt a métamorphoſé d'Hozier en Klermond, en imitant tous les détails, hormis la phyſionomie. Le portrait de la femme de Klermond a été gravé à Berlin 1757. par J. G. Schmidt, & il faut bien ſe garder de l'attribuer à notre artiſte; car, outre que les lettres initiales du nom prouvent le contraire, le travail même eſt très-inférieur aux ouvrages que Schmidt a faits dans ce temps là, par exemple les portraits de Lieberkühn, de la Mettrie &c.

No. 7.

Le portrait du Marggrave d'Anſpach. Ce prince eſt repréſenté à mi-corps, debout, & dirigé vers la droite de l'eſtampe; ſa tête eſt vue de trois quarts. Il eſt en cuiraſſe, & porte par deſſus le manteau d'hermine. En bas on lit: Carl Wilhelm Friedrich, Marggraf von Anſpach. George Friedrich Schmidt. Sculpſ. à Berlin 1735. La h. eſt de 9 p. 3 l. & la l. de 7 p. 2 l.

No. 8.

Le portrait de la Marggrave d'Anſpach. Cette princeſſe eſt repréſentée à mi‑corps, debout & dirigée vers la gauche de l'eſtampe. Sa tête eſt vue de trois quarts. Elle eſt parée, le manteau d'hermine deſcendant de ſes épaules. En bas on lit; Friederica Louiſa, Marggraeffin von Anſpach. George Friedrich Schmidt ſculpſ. à Berlin. 1735. C'eſt le pendant du No. précédent, & il eſt de la même grandeur.

No. 9.

Le portrait de Scarron, en buſte dans une bordure ovale. Son corps eſt dirigé vers la droite de l'eſtampe. La tête, vue de trois quarts, eſt penchée vers la main gauche. Il eſt ajuſté d'une draperie très‑ſimple, ayant les cheveux épars & portant une petite mouſtache, avec un rabat. En bas on lit cette inscription: Paul Scarron Mort à Paris le 14. Octobre 1660. Boizot del. G. G. Œ. S°°°. ſculpſ. Sans l'année qui eſt 1736. Il y a de cette eſtampe des épreuves avant la lettre qui ſont très‑rares. La h. eſt de 4 p. 11 l. & la l. de 3 p. 5 l.

No. 10.

Le portrait du Diacre Pâris, dans une bordure ovale, avec l'inſcription: B. H. François de Pâris, Diacre de l'Egliſe de Paris. Mort le premier Mai 1727.

Il eſt repréſenté en buſte dirigé vers la gauche de l'eſ‑
tampe, en habit d'eccléſiaſtique, en petit collet & en
manteau court, la tête, qui eſt nue, eſt vue de trois
quarts, & les cheveux ſont tous plats.   On lit en bas:
Donnés Seigneur — St. Fils Jéſus. Act. 4, 29. 30. On
n'y voit, ni le nom de Schmidt, ni l'année.   La h. eſt
de 4 p. 10 l. & la l. de 2 p. 10 l.   Cette eſtampe eſt très‑
rare, & doit être de l'année 1737 — 1739.

No. 11.

Le même Diacre Pâris à genoux devant
un prie ‑ dieu, vers la gauche de l'eſtampe.   Il
tient un crucifix entre les mains jointes, derriere lui ſe
trouve une chaiſe, & dans le fond du mur, une hor‑
loge de ſable, & quelques livres ſur une tablette.   On
lit en bas: François de Pâris, pénétré que par lui‑
même — agé de 37 ans & 10 mois.   La h. eſt de 5 p.
3 l. & la l. de 3 p. 3 l.   Cette eſtampe doit être de l'an‑
née 1737 — 1739.

No. 12.

Le portrait du Prêtre Tournus, tourné
vers la droite.   Il eſt repréſenté juſqu'aux genoux, &
il eſt aſſis devant une table, ſur laquelle il ſe penche.
Il porte l'habit ordinaire d'eccléſiaſtique avec le petit
collet.   Sa tête eſt couverte d'une calotte, au deſſous
de laquelle on voit quelques cheveux.   La main gauche,
dans laquelle il tient un crucifix qu'il contemple, eſt
appuyée ſur la table, la droite ſur ſa poitrine.   On voit
ſur la table trois livres, dont un eſt ouvert, & une
montre avec ſa clé.   Il y a dans les lointains une planche
attachée à la muraille ſur laquelle on voit une eſpèce de
pierre.   Au deſſous de cette planche eſt une lampe de

terre. Sur le bord de la table on diftingue le mono-
gramme 𝔍. & fur le dos d'un de trois livres, on voit
pareillement 𝕽. Au-deſſous de la planche ſe trouve
l'inſcription: Firminus Ludovicus Tournus, Presby-
ter. Lugduni natus 25. Nov. 1672. Obiit Pariſiis 30.
Nov. 1733. Au deſſus de la planche on voit le mot
Thau, & dans le coin gauche de la planche, tout en
bas ſe trouvent les trois lettres O. P. N. La planche eſt
ſans nom & ſans année. La h. eſt de 8 p. 2 l. & la l.
de 6 p. 5 l. Cette piece doit être de 1736 — 1739.

<h2 style="text-align:center">No. 13.</h2>

Le pélerinage de piété, ainſi qu'on lit au haut
de l'eſtampe. Les deux figures, qu'on y voit, repré-
ſentent, l'une le prêtre Tournus, & l'autre le diacre Pàris,
Ils ſont habillés en eccléſiaſtiques avec le petit collet.
Tournus porte une calotte, & Pàris, orné d'une étole
ſur la poitrine, eſt nue tète. Le premier porte ſon chapeau rond ſous le bras droit, & le ſecond tient un livré
ouvert dans la main gauche, parlant à Tournus, vers
lequel il dirige la tête. Tournus s'appuye ſur un bàton
qu'il tient dans la main droite. Tous deux dirigent leurs
pas vers la gauche de l'eſtampe, ce qui a fait donner à
cette pièce le titre de pélerinage. Le lointain offre un
payſage, avec une colline, une chapelle avec un clocher &c. L'inſcription en bas eſt: M. Firmin Louis
Tournus Prêtre, & François de Pàris Diacre. L'amour
de la pénitence les a unis par les liens de la vérité & de
la charité. On lit encore les vers ſuivans: Illis ſumma
ma — ſouverain délice. Il y a au milieu de l'inſcription des armes, où l'on apperçoit le St. Eſprit ſous
la figure d'une colombe. Cette eſtampe, au jugement
unanime des connoiſſeurs & au dire de M. de Heinike,

eſt de la plus grande rareté *). Elle ne porte, ni le nom de Schmidt, ni l'année, quoiqu'elle ſoit certaine-ment de ſon burin, & qu'il l'ait faite vers l'année 1737. 1739. La h. eſt de 14 p. 11 l. & la l. de 11 p. 9 l. Feu M. de Borcke à Berlin poſſédoit, dans ſa belle collec-tion d'eſtampes, une épreuve qui n'étoit pas tout-à-fait achevée, & qui, après ſon décès, fut vendue pu-bliquement à Amſterdam au Sieur Notthenius. On y voit au bas du bord, l'eſquiſſe d'une main qui tient un livre, & qui eſt mieux deſſinée que celle ſur l'eſ-tampe, main que vraiſemblablement l'artiſte a voulu ſubſtituer: ſur le même bord ſe trouve auſſi à droite écrit à la plume Schmidt ſc. Il exiſte de cette eſtampe une copie de 5 p. 4 l. de h. & de 3 p. 3 l. de l., dans le même ſens & avec les mêmes vers que l'original.

No. 14.

Le portrait du Prêtre d'Avollé. Il eſt en buſte, dirigé vers la gauche de l'eſtampe, habillé en eccléſiaſtique en manteau court, & en perruque avec une calotte: la tête eſt un peu penchée vers la main droite. On lit dans la bordure ovale: Dominicis gau-dens lucris & damnis moerens, & en bas ſe trouve l'inſcription: M. Hercule Meriadée d'Avollé. Preda-vid Prêtre au Diocéſe de Paris, Licentié en Théologie de la Maiſon & Société Royale de Navarre, décédé le 25. Jan. 1738. Schmidt ſc. Il y a des armes au deſſus de cette inſcription. La h. eſt de 8 p. 8 l. & la l. de 5 p. 9¼ l. Cette eſtampe, qui eſt très-rare, & dont l'artiſte lui même ne poſſedoit point d'épreuves, paroît être de 1737.

---

*) Les deux dernieres eſtampes, ſavoir le portrait de Pâris à genoux, & celui du prêtre Tournus, ne ſont pas moins rares; il n'y a que le hazard qui puiſſe fournir ces trois eſtampes aux curieux. Schmidt même ne les poſſédoit pas.

No. 15.

Le portrait du Peintre Parrocel, en buſte devant un chevalet dans une bordure ovale. Le corps, entouré d'une large draperie, eſt dirigé vers la main gauche de l'eſtampe, la tête coiffée d'une perruque eſt vue de trois quarts & en bas ſe trouve l'inſcription: Joſeph Parrocel, deBrignolles en Provence, peintre de Batt^{lles} Conſer de l'Académie Royale de Peinture & de Sculpture, né en 1648. mort à Paris le 1. Mars 1704. âgé de 56 ans, 6 Mois. Hy^{ttie.} Rigaud pinx. G. F. Schmidt ſculpſ. Sans année. Nous venons de voir une épreuve de ce portrait, dont Schmidt avoit gravé lui-même l'inſcription avec l'année 1737. Il uſait de cette petite ſupercherie parce qu'Odieuvre faiſoit toujours difficulté de donner une douzaine de bonnes épreuves au graveur. Schmidt ſe bornoit ordinairement à un petit nombre d'é-preuves, qu'il faiſoit tirer ſous ſes yeux & qui ſuffiſoit pour donner à des artiſtes ou amateurs de ſes amis. Avant de livrer la planche il faiſoit effacer ſa propre inſcription, le marchand la faiſoit graver à ſa fantaiſie & comme on la trouve aujourd'hui. Telle eſt l'origine de la rareté des épreuves avec l'inſcription du burin de Schmidt, épreuves très-recherchées des amateurs. Celles avant la lettre ſont auſſi très-difficiles à trouver. La h. eſt de 5 p. 2 l. & la l. de 3 p. 7½ l.

No. 16.

Le portrait du Roi de Pruſſe, en buſte dans une bordure ovale. Le monarque, qui eſt cuiraſſé & décoré du cordon de l'aigle noir, eſt vu en profil & tourné vers la droite de l'eſtampe. Il porte une per-ruque à queue, comme on le voit ordinairement ſur ſes monnoyes. Au deſſous on lit; Frederic Guillaume,

Roi de Prusse &c. Pesne pinx. à Berlin. Schmidt sculpf. à Paris. La h. est de 5 p. 2 l. & la l. de 3 p. 8 l. Aux secondes épreuves, après que la planche a été retouchée, se voit cette différence, que les noms des artistes se trouvent au dessus du piédestal, & que les caractères de l'inscription sont plus petites, avec l'addition — né à Berlin le 4. Aout, 1688. & plus bas à la marge: /Paris chés Odieuvre &c. Elle est de l'année 1737-1739.

No. 17.

Le portrait de l'Amiral de Coligny, en buste dans une bordure ovale. L'Amiral est représenté en cuirasse, la tête, vue de trois quarts & dirigée vers la droite de l'estampe, est couverte de cheveux courts tout plats. Il porte une barbe courte avec une moustache, & une fraise autour du col. En bas on lit l'inscription: Gafpar de Coligny Amiral de France: né le 16. Feb. 1516. Mort à Paris le 24. Aout, 1572. F. G. Schmidt sculpf. Sans année. La h. est de 4 p. 11 l. & la l. de 3 p. 6 l. Il a été fait en 1737-1739.

No. 18.

Le portrait du Duc de Villars, en buste dans une bordure ovale. Il est représenté en cuirasse avec les décorations de l'ordre du St. Esprit. La tête, ornée d'une grande perruque, est tournée de trois quarts vers la droite de l'estampe. En bas se trouve l'inscription: Louis Hector, Duc de Villars, Maréchal-Général des Camps & Armées du Roy; baptisé à Moulins le 21. May 1653. mort à Turin le 17. Jun. 1734. H^{the}· Rigaud! pinx. G. F. Schmidt sc. L'année n'est pas marquée. Il y a de cette estampe des épreuves avant la lettre, qui sont très-rares. La h. est de 4 p. 10 l. & la l. de 3 p. 6 l. Elle est de l'année 1737 — 1739.

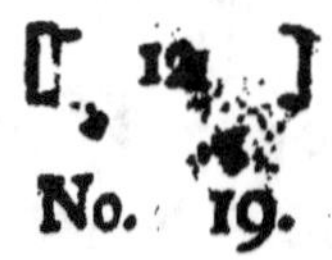

No. 19.

Le portrait de Perichon, en bufte dans une bordure ovale. Il eft tourné vers la droite de l'eftampe, la tête, coiffée d'une perruque, eft vue de trois quarts. Il eft vétu en homme de robe avec le rabat, au deffous duquel pend la croix de l'ordre de St. Michel. On lit en bas l'infcription : Camille Perichon, Chevalier de l'ordre du Roy, Confeiller d'Etat ord. & prévôt des Marchds. à Lyon. Né à Lyon le 8. Fevrier 1679. C. Grandon pinx. G. F. Schmidt fculpf. Sans année. La h. eft de 4 p. 11 l. & la l. de 3 p. 5. l. C'eft en l'année 1737 — 1739. que ce portrait a été fait.

No. 20.

Le portrait de l'Abbé Bignon, en bufte dans une bordure ovale. Le corps eft dirigé vers la droite, mais la tête, qui eft vue de trois quarts, eft tournée vers la gauche de l'eftampe. Vétu en abbé, il porte le manteau, le rabat & une courte perruque. Il y a de cette piece deux différentes épreuves. Les unes portent en bas l'infcription fuivante : Jean Paul Bignon, Abbé de St. Quentin, Consr. d'Etat ordinaire, Préfident des Académies; & à la marge tout en bas on lit Hya. Rigaud pinx. G. F. Schmidt fculpf. 1737. Les autres portent pour infcription : Jean Paul Bignon, Abbé de St. Quentin, Doyen des Confeillers d'Etat, Bibliothre. du Roy des Acade. fre. des fces. des belles lettres &c. Né à Paris le 19. Septembre 1662. & à la marge tout en bas on lit; Hthe. Rigaud pinx. F. G. Schmidt fculpf. Sans l'année. Il faut bien faire attention qu'à ces dernieres épreuves l'F. du nom de Schmidt eft mis avant le G. Les épreuves, qui font très-rares, font celles avec la lettre, mais avant le Doyen, & le Bibliothécaire du

Roy. La h. eſt de 5. p. & la L de 3 p. 6. l. Elle eſt de l'année 1737 — 1739.

No. 21.

Le portrait de **Law**, en buſte dans une bordure ovale. La tête coiffée d'une grande perruque, dont une boucle lui tombe ſur l'épaule gauche, eſt tournée vers la droite de l'eſtampe. Il porte une cravatte, & il eſt ajuſté d'une longue draperie. On lit en bas l'inſcription: Jean **Law**, Controlleur·Général des Finances, ſous la Reg^{ce.} Né à Edimbourg, mort à Veniſe âgé de 60 ans, & ſur le bord de la maçonnerie en haut; Hyac. Rigaud pinx. G. F. Schmidt ſc. Quoique ce portrait ne porte pas l'année, on ſait qu' il a été gravé en 1737-1739. Les épreuves avant la lettre ont dans la marge en bas, Hya. Rigaud pinx. G. F. Schmidt ſc. Elles ſont très difficiles à trouver. La h. eſt de 5 p. 2 l. & la l. de 3 p. 8 l.

No. 22.

Le portrait de **J. B. Rouſſeau**, en buſte dans une bordure ovale. La tête, coiffée d'une perruque ronde, eſt vue de trois quarts. Il porte un habit très-riche, & il eſt ajuſté ſur l'épaule gauche d'une ample draperie. L'inſcription en bas eſt: Jean Bap^{te.} Rouſſeau. Né à Paris en 1671. J. P. Sauvage pinx. G. F. Schmidt ſculpſ. Sans année. Il y a des épreuves avant la lettre, qui ſont rares. La h. eſt de 5 p. & la l. de 3 p. 6 l. Ce portrait eſt de l'année 1737 — 1739.

No. 23.

Le portrait de **Milton**, en buſte dans une bordure ovale. Le poëte anglois eſt vu de trois quarts, & a les cheveux flottans. Il eſt entouré d'une draperie,

[14]

& porte une fraife dont les houpes pendent à fon col.
On lit en bas: Jean Milton. Né à Londres en 1608.
Mort en 1674. âgé de 66 ans. F. G. Schmidt fculpf.
Au deffus de cette infcription on voit les armes de Milton. Ni le nom du peintre, ni la date de l'année ne
font marqués. La h. eft de 5 p. & la l. de 3 p. 6 l. Il
doit avoir été fait vers 1737 — 1739.

No. 24.

Le portrait de Thevenard, en bufte dans
une bordure ovale. Il eft vu de face en action de chanter,
& en chemife, qui eft ouverte & qui laiffe voir la poitrine. La partie droite de fon corps eft enveloppée d'u-
ne draperie. La tête eft coiffée d'un bonnet de fourrure orné d'une plume blanche. En bas fe trouve l'infcription: Gabriel-Vincent Thevenard Penfionre. du Roy
pour la Mufique. Né à Paris, le 10 Août, 1669. Gues-
lin pinx. G. F. Schmidt fculpf. Sans année. La h. eft
de 4 p. 11 l. & la l. de 3 p. 5½ l. Il eft de l'année 1737-
1739.

No. 25.

Le portrait du Miniftre du Bofc, en bufte
dans une bordure ovale. Il eft vu de profil, portant
l'habit d'eccléfiaftique proteftant avec le rabat, & une
perruque. On lit en bas; P. du Bofc, Miniftre à Caen,
né à Bayeux en 1623. mort à Rotterdam, en 1692. tiré
du cabinet de Madame le Gendre fa fille. Chevalier
del. G. F. Schmidt fculpf. Sans année. On a auffi des
épreuves avant la lettre, mais elles font très-rares. La
h. eft de 4 p. 11 l. & la l. de 3 p. 6 l. Il date de l'année 1737 — 1739.

No. 26.

Le portrait d'Anne d'Autriche, en buſte, dans une bordure ovale. La Reine eſt tournée vers la droite de l'eſtampe, & le viſage eſt vu de trois quarts. Elle eſt vêtue du manteau royal, doublé d'hermine. Au bas ſe trouve l'inſcription: Anne d'Autriche, Reine de France. Morte à Paris le 20. Janv. 1666. Agée de 64 ans. Van Loo pinx. G. F. Schmidt ſculpſ. Sans année. Au deſſus de cette inſcription on voit les armes de France & d'Autriche. La h. eſt de 4 p. 11 L. & la L. de 3 p. 6 L. Ce portrait paroît être de l'année 1737 — 1739.

No. 27.

Le portrait de Mlle. le Couvreur, en buſte, dans une bordure ovale. Le corps eſt repréſenté de front; mais la tête eſt vue de trois quarts, les cheveux ſont légérement ajuſtés, & une treſſe lui tombe ſur l'épaule gauche. Elle a le ſein découvert. Le reſte du corps eſt enveloppé d'une draperie. Au bas on lit l'inſcription: Adrienne le Couvreur Actrice du Théatre françois. Née à Fimes en 1690. Morte à Paris le 20. Mars 1730. Fontaine pinx. F. G. Schmidt ſculp. L'année n'eſt pas indiquée; mais doit être 1737 - 1739. Il y a des épreuves avant la lettre & elles ſont rares. La h. eſt de 4 p. 11 L. & la L. de 3 p. 6½ L.

No. 28.

Le portrait de la Marquiſe de Sévigné, en buſte dans une bordure ovale. Le corps eſt dirigé vers la gauche de l'eſtampe, & le viſage eſt vu de trois quarts. Elle a le ſein découvert, portant un collier de perles, & les cheveux friſés, ſurmontés d'un voile, dont une partie lui tombe ſur l'épaule gauche. L'inſcription eſt;

Marie de Rabutin Chantal, Marquise de Sévigné. Née
le 5 Fevr. 1626. Morte au château de Grignan en Provence en 1696. Ferdinand pinx. G. F. Schmidt sculpf.
Au deffus de l'infcription on voit les armes de la Mar-
quife. Sans année, quoique la pièce foit de 1737-1739.
La h. eft de 4 p. 11 l. & la l. de 3 p. 6 l.

No. 29.

Le portrait de Madame des Houlleres,
en bufte dans une bordure ovale. Elle eft repréfentée
de front, la tête un peu tournée & penchée vers fa
droite. Ses cheveux font ajuftés, & fon voile tombe en
arriere. Elle a le fein découvert, & le corps enveloppé
d'une draperie, qu'elle ferre de la main droite. En
bas il y a l'infcription: Antoinette de la Garde veuve
de G^me. de la Fon de Boisguerin Seign^t des Houlieres,
Morte à Paris le 17. Fevr. 1694. âgée de 56 ans. Mlle
El. Sophie Cheron pinx. G. F. Schmidt sculpf. Au deffus
de l'infcription fe trouvent les armes de cette dame.
Sans année, qui eft 1737 — 1739. La h. eft de 4 p.
11 l. & la l. de 3 p. 6 l. Il exifte une copie de cette
eftampe dans la fuite des Desrochers.

No. 30.

Le portrait de Ninon de l'Enclos, en bufte
dans une bordure ovale. Son corps eft dirigé vers la gauche de l'eftampe, & fa tête eft presque vue de face. Elle
a le fein très-découvert. La tête eft coiffée dans le goût
de fon temps, & elle porte un collier de perles. L'infcription en bas eft: Ninon de l'Enclos, née à Paris.
Morte le 17. Oct. 1705. âgée de 90 ans. Ferdinand pinx.
G. F. Schmidt sculpf. Sans l'année, qui eft vraifemblable-
ment 1737 — 1739. La h. eft de 4 p. 10 l. & la l. de 3
p. 6 l. Il y a une copie de ce portrait dans la fuite des
Desrochers.

No. 31.

Le portrait de Me. de la Vigne, en bufte dans une bordure ovale. Le corps eft tourné vers la droite de l'eftampe, & le vifage eft vu de trois quarts. Les cheveux font arrangés dans le goût de fon temps en boucles, dont une lui tombe fur l'épaule droite. Elle a le fein découvert, & porte un collier de perles. En bas fe trouve l'infcription fuivante: Anne de la Vigne. Née à Vernon, morte à Paris en 1684. Ferdinand Pinx. G. F. Schmidt fculpf. Sans l'année, qui eft 1737-1739. La h. eft de 5 p. 2 L. & la L. de 3 p. 7 L.

No. 32.

Le portrait du Pere Sanadon, en bufte dans une bordure ovale. Le corps & la tête font dirigés vers la droite de l'eftampe, & le vifage eft vu de trois quarts. Il porte l'habit de Jéfuite; les cheveux qui ne font pas couverts de fa calotte, tombent négligemment. En bas fe trouve l'infcription: Noël-Etienne Sanadon, de la Comp^{e.} de Jéfus. Né à Rouen le 16. Fevrier. 1676. Mort à Paris le 22. Octobre 1733. Le Cars delin. G. F. Schmidt fculpf. La h. eft de 5 p. & la L. de 3 p. 6 L. Il y a de ce portrait des épreuves avant la lettre, mais elles font difficiles à trouver. Ce même portrait eft auffi employé pour le Père Daniel; voyez No. 34. Il en exifte une copie, qui entre dans la fuite des hommes célèbres de Desrochers.

No. 33.

Le portrait du Roi Charles XII. de Suéde, en bufte dans une bordure ovale. Le corps eft un peu dirigé vers la main droite de l'eftampe, & la tête, qui eft vue de trois quarts, eft tournée vers la gauche. Il porte l'uniforme fuédois, avec lequel il eft ordinairement peint. Il a le chapeau fous le bras gauche, & il a les cheveux heriffés, avec une cravatte autour du cou. On lit en bas: Charles XII. Roy de Suéde. Krafft pinx. Lundini Senorum. 1717. C. L. Duflos fculpf. Quoique le nom de Schmidt ne fe trouve pas fur ce portrait & qu'il ait celui de Duflos, il eft pourtant hors de doute que Schmidt n'en foit le graveur, & M. Wille l'a vu travailler à ce portrait. La h. eft de 4 p. 5 l. & la l. de 2 p. 11 l. Il eft de 1738. & a été gravé pour le compte d'Odieuvre *).

No. 34.

Le portrait du Pere Daniel. Le même dont nous avons fait mention à l'article du pere Sanadon: voyez No. 32. Il eft fait dans l'année 1737——1739.

No. 35.

Le portrait du Dauphin, fils de Louis XV. en ovale, entouré d'ornemens. Il eft repréfenté à mi-corps, dirigé vers la gauche de l'eftampe, & la tête penchée vers l'épaule gauche. Le vifage eft vu de trois quarts. Il porte la cuiraffe, fur laquelle on voit le cordon de l'ordre du St. Efprit, & un peu plus bas une partie du manteau royal, parfemé de fleurs de lys & fourré d'hermine. La tête eft nue, & les cheveux flottent négligemment; fous le menton il porte un

---

*) C'eft à cette époque que Schmidt ceffa de travailler pour ce marchand, étant affez occupé à des ouvrages de plus grande importance. Les portraits deffus mentionnés, depuis Gafpard de Coligny jufqu'à celui-ci, ont été gravés par Schmidt pour Odieuvre, marchand d'eftampes quai de l'école, où il vendoit ces portraits à choifir & dont ceux de No. 17, 22, 23, 25. 26, 27, 29, 30 & 32. ont été effectivement employés enfuite dans l'Europe illuftre in-4to à Paris, 1755.

nœud de ruban.   La h. eſt de 8 p. 6 l. & la l. de 6 p.
Les épreuves avant les ornemens ſont extrémement
rares.   Schmidt n'a fait que la tête.   Il eſt de l'année
1737.

No. 36.

Le portrait de Thibouſt, en buſte dans
une bordure ovale.   Le corps eſt repréſenté de face,
mais la tête eſt tournée vers la droite de l'eſtampe.   Le
viſage eſt vu de trois quarts.   Il porte une robe de
chambre d'une étoffe à ramages & un bonnet de velours
avec une cravatte blanche.   Sur la tête on voit quelques
cheveux courts blanchis par les ans.   L'inſcription eſt:
Claude-Louis Thibouſt, imprimeur & libraire, né à
Paris le 14. Novembre 1667.   Mort le 22. Avril 1737.
J. Daullé ſculpſ.   Bien que le nom de Schmidt ne ſe
trouve pas ſur ce portrait, & qu'il y ait celui de Daullé, on fait qu'il eſt de Schmidt.   La h. eſt de 5 p. 2 l.
& la l. de 3 p. 8 l.   Il eſt fait dans l'année 1737.

No. 37.

Le portrait du Grand Prieur de Ven-
dôme, figure entière, vraiſemblablement d'après Nattier.   Il eſt repréſenté debout, appuyé à gauche ſur un
piédeſtal ſur lequel ſe trouve le manteau d'hermine &
le casque, orné de plumes, avec la viſiere ouverte.   Il
tient de la main droite le bâton de Maréchal qu'il dirige ſur quelques galeres en mer; il eſt en uniforme,
couvert d'une cuiraſſe avec la croix de Malthe.   Der-
rière lui on voit un haut rocher, au ſommet duquel il y
a un ancien fanal.   A côté de lui un tambour, des canons, des ancres avec leurs cables &c.   La h. eſt de 27
p. 10 l. & la l. de 17 p.   Cette planche, faite vers les
années 1737 — 1738. n'a point été achevée, & a eu le

fort d'être coupée en pièce; L'on ne voit fur l'épreuve que nous avons devant nous, & qui eft accompagnée d'une contre-épreuve, aucune infcription, & les chairs ne font point terminées. Le deffin original de Schmidt fe trouve dans la collection de M. Crayen à Leipzig.

No. 38.

Le portrait de l'Archevêque de Narbonne, avec des ornemens pour fervir de vignettes, à fon oraifon funèbre. Le prélat eft repréfenté en bufte dans une bordure ovale. Le corps & la tête font tournés vers la droite de l'eftampe. Le vifage eft vu presque de face. Il eft en perruque, couvert d'un manteau d'hermine & décoré d'une croix de l'ordre du St. Esprit, attaché à un large ruban. Les ornemens qui entourent ce portrait font des emblêmes de la prélature, au côté gauche font la croix, la mitre, le livre des évangiles & l'étole, au côté droit, la croffe, le chapeau & deux livres. Ce portrait eft gravé d'après H. Rigaud au burin, mais les ornemens font à l'eau forte, faits par M. Cochin fils. On n'y trouve, ni les noms des artiftes, ni l'année qui eft 1738. La h. eft de 2 p. 9 l. & la l. de 4 p. 1 l.

No. 39.

Le portrait de Scarlati, dans une bordure ronde. Il eft repréfenté à mi-corps, dirigé vers la gauche de l'eftampe, fon habit eft national, doublé de fourrure. Il porte une grande barbe avec des mouftaches. Sa tête eft couverte d'un bonnet de fourrure. Dans la bordure on lit: Conftantinus Scarlati: Moldaviae Princeps. L'infcription fur le piédeftal eft, Mufas Augufti — affectat Olympo. A côté des armes qui fe trouvent entre la bordure & le piédeftal on lit; G. F.

Schmidt sculps. Parisiis. Le nom du peintre n'y est pas, on croit que c'est Liotard de Geneve qui l'avait dessiné à la sanguine.   Cette estampe est extrémement rare & une des plus belles de son oeuvre.   La h. est de 11 p. 2 l. & la l. de 8 p. 1. l.   L'on a une copie de ce portrait de grandeur in-8°. gravée par Petit, avec la différence du motto: Regificos — amore. Ce portrait a été gravé dans les années 1737 — 1738.

No. 40.

Le portrait de Caylus, Evêque d'Auxerre. Il est représenté avec l'habit épiscopal, & assis à une table, sur laquelle il pose sa main droite.   Il avance la gauche vers la table, qui est couverte de papiers, de livres, d'une écritoire &c.   On lit sur les papiers: Ordonnances Synodales 1738.   L'inscription au milieu de laquelle sont les armes de l'évêque, est: Charles Gabriel de Tubieres de Caylus, Evêque d'Auxerre. Fontaine pinxit. Schmidt sculpsit.   Tout ce qui orne la table, qui est à côté du prélat est gravé par M. Wille.   Cette estampe est rare.   La b. est de 17 p. 6 l. & la l. de 12 p. 11 l.   C'est dans l'année 1739 que ce portrait à été gravé.

No. 41.

Le portrait du Pape Benoît XIV, dans une bordure ovale. Le Pontif est représenté à mi-corps, tourné vers la gauche de l'estampe, en habit papal. Dans la bordure on lit: Benedictus xiv. Bonon. Romanus Pontifex Maximus, creatus anno Dom. mdccxl. Sur le piédestal sont ses armes. Au côté gauche du piédestal on lit: L. Cars filius sculps. & plus bas encore, même hors de l'estampe, se trouve; à Paris chez J. Fr. Cars, rue St. Jaques. Schmidt n'a fait de ce portrait que la tête, le reste est par Cars qui y'a substitué son nom. Il est très-rare. Le nom du peintre ne s'y trouve pas. La h. est de 9 p. 7 l. & la l. de 7 p. 1 l. Les épreuves sans les armes sont d'une grande rareté. Il est de l'année 1739.

No. 42.

Le portrait du Comte d'Evreux. Il est représenté jusqu'aux genoux, tourné vers la gauche de l'estampe, cuirassé, & la main gauche appuyée sur le bâton de commandement. Devant lui est un casque sur un rocher & derriere on voit un combat de cavalerie. L'inscription est: Louis de la Tour d'Auvergne, Comte d'Evreux, Lieutenant-Général des Armées du Roy, Colonel général de la Cavalerie françoise & étrangere, Gouverneur de l'Isle de France &c. Présenté à Son Altesse Monseigneur le Comte d'Evreux par son très-humble & très-obéissant Serviteur Schmidt. Peint par Hyacinthe Rigaud. Cher de l'ordre de St. Michel, gravé par George Frederic Schmidt à Paris en 1729. Cette belle estampe fut exposée au salon de l'Académie en 1742. Une épreuve, que nous avons devant nous, & sur laquelle tous les accessoires sont terminés, sans qu'il ait encore touché au visage, prouve que notre artiste réservoit pour la fin cette partie essentielle d'un portrait. La h. est de 18 p. & la l. de 12 p.

No. 43.

Le portrait du Comte de la Marche, en buste dans une bordure ovale. Le corps armé d'une cuirasse & la tête couverte d'une perruque, sont tournés vers la droite de l'estampe. Le visage est vu de trois quarts. On lit en bas: Son Altesse Sérénissime Monseigneur le Comte de la Marche. P. de Lorme pinx.

Schmidt sculps.   Ce portrait du Comte de la Marche,
depuis Duc d'Orléans, a servi de thèse.   On en a tiré
peu d'exemplaires, aussi sont-ils très-rares. La h. est de
16 p. 6 l. & la l. de 12 p.   Cette estampe est de l'année
1740. & M. Wille y a travaillé.

No. 44

Le portrait de J. B. Rousseau, vu jusqu'aux
genoux.   Il est assis à une table sur laquelle il appuye
la main droite dont il tient des papiers. Dans la gauche
il a une plume.   La tête est tournée vers la droite de
l'estampe.   Ce portrait se trouve à la tête de la belle édition
des Oeuvres de ce poëte célèbre en 3 Tomes in-4°. à Bru-
xelles 1743. L'inscription est : Joannes Baptista Rousseau.
Natus Anno 1670.   Certior in nostro carmine vultu
erit.   Mart. L. 7. Ep. 84. J. Aved pinx. G. F. Schmidt
sculps.   La h. est de 11 p. 1 l. & la l. de 7 p. 11 l. Cette
estampe, qui est très-rare,   est de l'année 1740. & M.
Wille y a fait plusieurs parties.

No. 45.

Le portrait de Me. Wieger, dans une bordure ovale.   Cette dame est vue de face à mi-corps,
elle a la gorge découverte & les cheveux frisés. L'inscription est: Magdalena Sophia Wiegerin, gebohrne
Nitzschin, geb. d. 7. Jan. 1690.   st. [illegible] 1738.
Dis wäre — uns treiben. Fied [illegible] Lip-
mann Consil. Aul.   George F [illegible] sculps.
Paris.   La h. est de 12 p. 4 l. & [illegible] Il est
gravé dans l'année 1739.

No. 46.

Le portrait du fameux compositeur George Fréderic Haendel, gravé à Paris, avec l'ins-

cription: *J'ai graces aux doctes veilles &c.* Cette eſtampe avoit été deſtinée à être miſe à la tête d'un livre de muſique in - folio. Ce portrait a été fait dans l'année 1744.

No. 47.

Le portrait de St. Albin, Archevêque de Cambray. Le prélat eſt repréſenté aſſis, le corps tourné vers la droite & la tête vers la gauche de l'eſtampe. Orné de l'habit épiſcopal, il met la main droite ſur la poitrine & tient de la gauche un livre. L'inſcription eſt: *Carolus Archiepiſcopus, Dux Cameracenſis, Par Franciae, Sacri Romani Imperii Princeps, Comes Cameraceſii. Pinxit Hyacinthus Rigaud. Sti. Michaelis Eques. Rector nec non Regiae Academiae Picturae exmoderator 1724. Georgius Fridericus Schmidt ſculpſ. Pariſiis 1741.* Il y a de ce ſuperbe portrait des épreuves avant la lettre & avant les armes; mais elles ſont très-rares. La h. eſt de 19 p. 4 l. & la l. de 14 p. Cette eſtampe fut expoſée au Salon de l'Académie en 1742. Voyez ce que nous avons dit de ce portrait dans ſa Vie.

No. 48.

Le portrait du Prince Eugène, dans une bordure ovale. Le Prince eſt repréſenté de face, à mi-corps & en cuiraſſe; il eſt ajuſté d'un manteau & porte une grande perruque. Dans la bordure on lit: *François Eugène, Prince de Savoye & de Piémont, Marquis de Saluces, né le 18. Octobr. 1663. Au piédeſtal; Généraliſſime des Armées de l'Empereur & de l'Empire, Premier-Miniſtre d'Etat, Préſident du conſeil de Guerre, Gouverneur & Capitaine Général des Pays-Bas Autrichiens, Chevalier de l'ordre de la Toiſon d'or &c. G. F. Schmidt ſculpſ.* Sans nom de

peintre. Entre la bordure & le piédeſtal ſont les armes
du prince. La h. eſt de 5 p. 5   la L de 3 p. 2 L. Il
eſt gravé dans l'année 1741.

No. 49.

Le portrait de F. le Chambrier, dans
une bordure ovale. Il eſt à mi-corps, tourné vers
la gauche de l'eſtampe. Dans la bordure on lit: Mr
François le Chambrier Chevr Consr d'état & Maire
de la Ville de Neufchatel. Pr Sa Majeſté le Roy de Pruſſe.
Né le 8. May 1653. Mort le 16. Janv. 1730. Sur le
piédeſtal on lit les vers: Le Mortel — les Délices.
Peint par H. Rigaud, en 1704. gravé par G. F. Schmidt
à Paris 1741. Entre la bordure & le piédeſtal ſe trouvent les armes. La h. eſt de 13 p. 3 L & la L de 9
p. 5 L

No. 50.

Le portrait de la Tour. Il eſt repréſenté à
mi-corps, regardant par une fenêtre, ſur laquelle il s'appuye & montre de la main gauche une porte fermée,
qu'on voit dans le fond, il a la mine riante. Derriere
lui il y a un chevalet. Voici l'occaſion qui lui donna
l'idée de ſe peindre dans cette attitude. M. de la Tour
avoit parmi ſes amis un certain abbé, qui venoit le
voir très-fréquemment & paſſoit ſouvent une partie
de la journée chez lui, ſans s'appercevoir qu'il l'in-
commodoit quelquefois. Un jour notre peintre, réſolu
de faire ſon propre portrait, avoit fermé la porte au
verrou afin d'être ſeul. L'abbé ne tarda pas à venir
& à frapper à la porte. M. de la Tour, qui l'enten-
doit & qui étoit dans l'attitude de deſſiner, fit le
geſte de pantomime que nous voyons dans ſon portrait.
Il ſemble ſe dire en lui même: voilà l'abbé, il n'a

qu'à frapper il n'entrera pas.   Cette attitude ayant plu au peintre, il prit le parti de s'y peindre. L'inscription en bas eſt: Peint par de la Tour, & gravé par ſon ami Schmidt en 1742. A Paris chez Schmidt, graveur du Roi, quai des Morfondus proche la rue de Harlay. Cette eſtampe dont l'original eſt en paſtel, a été expoſée au Salon de l'Académie en 1743.   On en a des épreuves avant la lettre, mais elles ſont rares.   La h. eſt de 17 p. 10 l. & la l. de 13 p.   On a fait en Angleterre une copie plus petite de ce portrait, en maniere noire.   Elle eſt aſſez fidele, excepté dans les acceſſoires; au lieu d'une porte fermée, elle offre une femme vue par le dos, levant ſa chemiſe & montrant le derriere.   Nous laiſſons au lecteur à juger ce trait de ſatyre.   On apperçoit auſſi ſur le canevas du chevalet l'esquiſſe d'une femme qui leve ſa chemiſe & montre ſon devant, ce qui n'eſt pas dans l'original.   L'inscription eſt: Peint par de la Tour, & gravé par ſon ami Smith, en 1751. printed for Tho. Bowles in St. Paul's Church Yard & In°. Bowles and Son at the Black Horſe in Cornhill.   Nous avons cru faire plaiſir aux curieux de leur donner des éclairciſſemens ſur ce portrait, dont la h. eſt de 12 p. 2 l. & la l. de 8 p. 5 l.

No. 51.

Le portrait de D. le Chambrier, dans une bordure ovale, dirigé vers la gauche de l'eſtampe.   Il eſt repréſenté à mi-corps, avec l'armure & en perruque. Sur le piédeſtal on lit l'inscription: Meſſ^{re.} Daniel le Chambrier, Chev^{er.} Général - Major & Colonel d'un Régiment Suiſſe au ſervice de L. L. H. H. P. P.^e les Etats-Généraux des Prov^{ces.}   Unies, & plus haut; G. F. Schmidt ſculpſ. à Paris.   Le nom du peintre ne s'y trouve pas.   Entre la bordure & le piédeſtal on voit les armes,

La h. eſt de 13 p. 3 l. & la l. de 9 p. 5 l. Ce portrait a été entierement gravé par M. Wille, excepté le viſage, qui fut fait par Schmidt, chargé de cet ouvrage. C'eſt dans l'année 1742. que ce portrait à été gravé.

No. 52.

Le portrait du Dr. Silva. Il eſt vu à mi-corps, tourné vers la gauche de l'eſtampe & habillé en doĉteur avec une grande perruque. L'inſcription ſur le piédeſtal eſt: Jean Baptiſte Silva, Ecuyer, Doĉteur Régent de la Faculté de Médecine en l'Univerſité de Paris, Médecin conſultant du Roy & ordinaire de S. A. S. Mgr. le Prince de Condé. Peint par Hyacinthe Rigaud, Chevalier de l'ordre de St. Michel, gravé à Paris par G. F. Schmidt, graveur du Roy en 1742. Cette piece fut expoſé au ſalon de l'académie 1743. La h. eſt de 18 p. 4 l. & la l. de 13 p. 4 l. Voyez Möhſens Verzeichniſs einer Sammlung von Bildniſſen berühmter Aerzte. II Th. Catal. Lrn. S. p. 126. Il y a de cette eſtampe deux différentes copies, beaucoup plus petites & dans le ſens oppoſé, l'une par Ficquet, l'autre par J. M. B. qui ſe trouve à la tête de l'ouvrage périodique; Zuverläſſige Nachrichten. Leipzig, bei Gleditſch, 1744.

No. 53.

Le portrait de l'Abbé Desfontaines. Il eſt repréſenté à mi-corps, un peu tourné vers la droite, & la tête dirigée vers la gauche. Il eſt habillé en Abbé portant le petit collet, & le manteau court qui, lui couvrant l'épaule droite, tombe ſur le devant. Il porte perruque & il tient dans la main gauche un papier où on lit: Obſervations ſur les écrits modernes. L'inſcription en bas eſt auſſi: Petr. Fr. Gujot Desfontaines Praesb. Rothomag. Peint par Toqué, gravé par Schmidt à Pa-

ris: Dum me — cohors.   La h. eſt de 5 p. 11 l. & la L
de 3 p. 8 l.   Cette eſtampe n'a été expoſée au Salon du
Louvre qu'en 1743.   Elle fut deſtinée à être miſe à la
tête de ſa Traduction de Virgile.   Gravée en 1742.

No. 54.

Le portrait de J. Bernoulli, dans une bordure ovale. Il eſt vu à mi-corps, tourné vers la gauche
de l'eſtampe.   Dans la main droite il tient un papier,
ſur lequel eſt deſſiné la conchoïde.   Dans la bordure eſt
l'inſcription: Johannes Bernouilli Matheſeos Profeſ-
ſor &c. Natus Baſil. Anno 1667. d. 27. Jul. S. v. & ſur
le piédeſtal on lit les vers: Son eſprit — l'humanité.
Voltaire. J. Huber pinx. G. F. Schmidt ſculpſ. Paris &
Lauſanne & à Geneve, chez Marc-Michel Bousquet &
Comp. 1743.   Voyez Möbſens Verzeichniſs einer Sam-
lung von Bildniſſen berühmter Aerzte. II Th. Catal. Lᵐᵉ
B. p. 14.   Ce portrait ſert de frontiſpice aux Joh. Bernouilli Opera. 2 Vol. Lauſannae, 1743. in-4°. La h. eſt
de 8 p. 8 l. & la l. de 6 p. 3 l. L'on obſervera, qu'au
lieu du nom de Johann Rudolph Huber de Bale, qui
eſt le peintre de ce portrait, l'on a fait la faute ſur
l'eſtampe, d'y mettre J. Ruber. Ficquet en a fait une
copie, plus petite & dans le ſens oppoſé.

No. 55.

Le portrait du Roi de Pruſſe Fréderic III.
dans une bordure ovale.   Il eſt repréſenté à mi-corps,
tourné vers la main droite de l'eſtampe, le viſage eſt vu
de face, le corps eſt couvert d'une cuiraſſe. Le Roi porte
ſes cheveux.   On lit dans la bordure: Fridericus III.
Rex Boruſſiae, & ſur le piédeſtal: Dans les — cet ouvrage, G. F. Schmidt ſculpſ. Pariſiis.   A Lauſanne & à
Geneve chez Marc-Michel Bousquet & Comp. 1743.

Entre la bordure & le piédeſtal ſont placées les armes de Pruſſe. La h. eſt de 8 p. 9 L. & la L. de 6 p. 4 l. Il y a une copie beaucoup plus petite, gravée à rebours par Ficquet, qui a pour inſcription: Charles Frederic III. Roi de Pruſſe, Elect. de Brandenb. Né à Berlin, le 24. Janvier 1712. P. pinx. Ficquet ſculpſ. *Paris, chez Odieuvre.

No. 56.

Le portrait de Parrocel, dans une bordure ovale. Il eſt repréſenté à mi-corps, tourné vers la droite & en robe de chambre; la téte eſt nue & vue de trois quarts. Les cheveux, qui lui tombent ſur le dos, ſont noués légérement avec un ruban. La h. eſt de 14 p. & la L. de 9 p. 10 L. Ce portrait n'eſt que commencé, ce qui fait que l'on n'y trouve ni ornemens, ni armes, ni inſcription, ni noms d'artiſtes. Schmidt l'a commencé à Paris en 1743. il étoit même entierement ébauché à ſon départ pour Berlin, mais il l'a laiſſé tel qu'il étoit alors.

No. 57.

Le portrait d'Oſterwald, dans une bordure ovale. Il eſt repréſenté à mi-corps tourné vers la gauche de l'eſtampe, portant une grande perruque, & l'habit ordinaire de Miniſtre proteſtant. L'inſcription ſur le piédeſtal eſt: Jean Frederic Oſterwald, Paſteur de l'égliſe de Neuchatel, né en 1663. peint par T. P. Heuchoz, gravé à Paris par G. F. Schmidt 1744. chez Boyve & Comp. Libraires de Neufchatel en Suiſſe. La h. eſt de 13 p. 7 l. & la l. de 8 p. 8 L.

No. 58.

Le portrait de J. le Chambrier, dans une bordure ovale. Il eſt vu à mi-corps, tourné vers la gauche de l'eftampe, en habit brodé, & en grande perruque. Il porte la croix de l'ordre de la générofité. Sur le piédeftal on lit: Jean Baron le Chambrier, Envoyé & Miniftre plénipotentiaire de Sa Majefté le Roi de Pruffe, près de Sa Majefté très-Chrétienne, Con^{r.} d'Etat de la Princ^{te.} de Neufchatel & Valengin en Suiffe, Chev^{er.} de l'ordre de la Générofité. Né le 28. Juill. 1686. peint par Lundberg. Gravé à Paris par G. F. Schmidt, graveur du Roi en 1744. Les armes fe trouvent entre la bordure & le piédeftal. Il y a dés épreuves avant la lettre. La h. eft de 13 p. 8 l. & la l. de 9 p. 5 l.

No. 59.

Le portrait de Mignard. Il eft repréfenté jufqu'au deffous des genoux, affis dans un fauteuil, tourné vers la gauche de l'eftampe. Il tient de la main droite un porte-feuille & de la gauche un porte-crayon. L'infcription eft: Pierre Mignard, Ecuyer, premier peintre du Roi, Directeur & Chancelier en fon Académie de Peinture & de Sculpture. Peint par fon ami, Hyacinthe Rigaud, en 1691. gravé à Paris par George Frederic Schmidt, pour fa Réception à l'Académie en 1744. Les connoiffeurs s'accordent à dire, que cette eftampe eft le chef-d'oeuvre de notre artifte pour la beauté du burin. Il y a auffi des épreuves avant la lettre, mais elles font très-rares. La h. eft de 19 p. 1 l. & la l. de 14 p.

No. 60.

Le portrait du Roi d'Espagne, dans une bordure ovale. Ce prince eft repréfenté presque jufqu'aux genoux, & tourné vers la gauche de l'eftampe. Il eft dans fon armure avec le cordon de l'ordre de la Toifon d'or, & porte une grande perruque. De la

main gauche il tient le bâton de commandement. On lit
dans la bordure: Philippus Quintus Hifpaniarum & In-
diarum Rex; & fur le piédeftal; Van Loo Effig. pinx.
Schmidt fculpf. Offerebat Antonius Jofephus Diaz,
Hifpalenfis. Entre la bordure & le piédeftal on voit les
armes d'Efpagne. La h. eft de 17 p. 3 l. & la l. de 12
p. 10 l. Il n'y a que le vifage gravé par Schmidt,
la draperie & les ornemens font gravés par M. Wille.
Il eft encore à remarquer, que l'intérieur de l'oval eft
gravé fur une planche féparée, & l'exterieur avec les
armes fur une autre, c'eft ce qui nous fait préfumer,
qu'il y a eu encore d'autres artiftes, qui ont travaillé à ce
portrait. Il en exifte des épreuves où l'oval de l'intérieur eft placé en travers d'une feuille, grand in-fol.
Le portrait eft entouré des grands ornemens, en bas
deux lions couchés, en haut deux cornes d'abondance
& à côté des drapeaux, un trident, un casque, un
bouclier, un carquois rempli de fléches, une carte
géogr. de l'Amérique méridionale &c. Entre les deux
lions font les armes d'Efpagne. Le tout eft travaillé
dans un grand goût & a fervi pour quelque thèfe. Dans
la bordure autour du portrait on lit feulement: Offerebat
Antonius Jofephus Diaz Hifpalenfis, Wanloo pin.
Schmidt fculp. effigiem. Cars ex. Les ornemens font
gravés fur une planche féparée au milieu de laquelle celle
avec le portrait s'ajufte parfaitement. Nous croyons
pouvoir affûrer, que les épreuves avec les ornemens
font antérieures, auffi font elles extrémement rares.
La l. eft de 22 p. 3 l. & la h. de 18 p. 8 l. Il eft de l'année 1744.

No. 61.

Le portrait de l'Abbé Prévoft, dans une
bordure ovale. Il eft repréfenté à mi-corps, la tête

tournée vers là gauche de l'eſtampe. Derriere lui on voit des livres & un globe. On lit (en bas: Antoine-François Prévoſt, Aumônier de S. A. S. Mgr. le Prince de Conti, deſſiné à Paris d'après nature & gravé à Berlin par G. F. Schmidt graveur du Roi en 1745. peu avant ſon départ. La h. eſt de 8 p. 6 l. & la l. de 6 p. 5 l. Il y a des épreuves avant la lettre, maîs elles ſont bien-rares. Le même portrait, mais plus petit, eſt copié par Ficquet, dans le ſens oppoſé.

No. 62.

Le portrait de Fréderic le Grand. Le Monarque eſt vu à mi-corps, tourné vers la gauche de l'eſtampe. Il eſt dans ſon armure, couvert du manteau royal & du cordon de l'ordre de l'aigle noir. Il a les cheveux friſés. On lit ſur le piédeſtal: Friedericus Magnus Rex Boruſſiae. A. Pesne pinx. G. F. Schmidt Reg. ſculpſ. Berolini 1746. La h. eſt de 5 p. 9 l. & la l. de 3 p. 6 l.

No. 63.

Le portrait du Dr. Burckhardt, dans une bordure ovale. Il eſt vu à mi-corps, tourné vers la gauche de l'eſtampe & tenant de la main gauche le manteau dont il eſt couvert. On lit en bas: Joh. Henricus Burckhard, Medicinae Doctor. Ser. Ducum Brunſv. Luneburg. Archiater & Conſiliarius Aulicus. Natus CIƆIƆCLXXVI. d. 5. Aug. ob. CIƆIƆCCXXXVIII. d. III. Maii. Muller pinx. G. F. Schmidt ſculpſ. Berolini. La h. eſt de 6 p. 11 l. & la l. de 4 p. 8 l. Voyez Möhſens Verzeichniſs einer Sammlung von Bildniſſen berühmter Aerzte. II. Th. Catal. Lᵃ· B. p. 22. Il eſt gravé dans l'antée 1746. Il y a des épreuves, où les lettres G. F. avant le nom de Schmidt manquent, comme auſſi; Berolini.

No. 64.

Le portrait de M. Voguel, riche négociant établi à Londres, oncle de Mᵉ Schmidt, qui la dota amplement. Il eſt repréſenté debout jusqu'aux genoux, le corps dirigé vers la gauche de l'eſtampe, en habit paré & coiffé d'une perruque. Il porte le chapeau ſous le bras droit, & tient la canne dans la main droite; derriere lui on voit la tour de Londres avec quelques vaiſſeaux. Au bas on lit: Henry Voguell, Eſqᵉ of London Marchant, aetatis 65. peint par Ant. Pesne premier peintre du Roy. Gravé à Berlin par G. F. Schmidt Graveur du Roy, en 1746. La h. eſt de 18 p. & la l. de 12 p. 10 l.

No. 65.

Le portrait de C. F. Blume, dans une bordure ovale. Il eſt repréſenté en buſte, tourné vers la gauche de l'eſtampe, & il porte une perruque. La plus grande partie de ſon corps eſt couverte d'une large draperie, dont un morceau tombe hors de la bordure. Au bas on lit: Chriſtian Friedrich Blume, geb. d. 18. Mart. 1693. geſt. d. 19. Nov. 1746. Falbe Effig. pinx. G. F. Schmidt ſculpſ. Reg. ſculpſ. Berolini 1748. La h. eſt de 13 p. 11 l. & la l. de 10 p.

No. 66.

Le portrait du Prince d'Anhalt-Bernbourg, dans une bordure ceintrée en haut. Le Prince eſt vu jusqu'aux genoux, & il eſt tourné vers la gauche de l'eſtampe. Couvert de ſon armure, il eſt décoré du cordon de l'ordre de l'aigle noir & il eſt coiffé d'une perruque avec un noeud de ruban par derriere. Il poſe la main gauche ſur un casque, à côté duquel eſt le bâton de commandement. Dans le lointain on apperçoit une ville affiégée avec un camp, & en bas, on lit cette infcription: Chriftianus Auguftus Dei gratia Princeps Anhaltinus, Dux Saxoniae, Angriae & Weftphaliae, Comes Afcaniae. Dominus Servestae, Bernburgi, Jeverae & Kniphufii, Supremus Caftrorum Regiae Majeftatis Boruffiae Praefectus, Stetini Gubernator, Eques ordinis Aquilae nigrae & Tribunus Legionis Pedeftris. Natus die 29. Novembris 1690. Mortuus 16. Martii 1747. Ant. Pesne Pict. Reg. pinxit Berolini 1725. G. F. Schmidt fculp. Reg. fculpfi. Berolini 1750. Au milieu font les armes du Prince. La h. eft de 19 p. 3 l. & la l. de 14 p. 1 l. L'on a des épreuves avant la lettre & les armes.

No. 67.

Le portrait de Cocceji. Ce Miniftre eft repréfenté à mi-corps, tourné vers la gauche de l'eftampe. Il eft décoré de l'ordre de l'aigle noir, & porte une grande perruque. On lit fur le piédeftal l'infcription fuivante: Samuel Liber Baro de Cocceji, Supremus Regni Poruffici caeterarumque provinciarum regiarum Cancellarius. Regiae Majeftati a Confiliis fanctioribus, Aquilae Poruficae Eques. Haereditarius in Wuffeken, Repko, Kleift, Laas, Poddokel, &c. On voit à côté du piédeftal & à gauche un Génie tenant un livre ouvert, avec l'infcription: Codex Fridericianus. Ant. Pesne Pictor Reg. pinxit. G. F. Schmidt Sculptor Reg. fculpfit Berolini 1751. La h. eft de 13 p. 11 l. & la l. de 9 p. 9 l. La copie dans le même fens petit in-8°. eft faite par Sturm de Nuremberg.

No. 68.

Le portrait de M. Oertel. Il eft vu jusqu'aux genoux & de face. Le corps eft ajufté d'une large draperie, & la tête couverte d'un bonnet. A côté du piédeftal on voit un Génie, qui montre de la main droite une toile, fur laquelle on lit: *Fridericus Bene-dictus Oertel. Confil. Inuictum generofo pectus ho-nefto*; & au bas dans la marge, *G. F. Schmidt invent. & fculpf. Berolini* 1752. La h. eft de 14 p. 2 l. & la l. de 10 p. 2 l.

No. 69.

Le portrait de Pesne, repréfenté jusqu'aux genoux, le corps dirigé vers la gauche de l'eftampe. La tête eft vue de face. Debout derriere une chaife, il montre avec la main gauche, un tableau fur un chevalet. La lettre eft *Antoine Pesne, Premier Peintre du Roy de Pruffe, & ancien profeffeur de l'Académie Royale de Peinture & Sculpture de Paris.* Peint par lui même & gravé par fon ami Schmidt, membre de la même Académie en 1752. C'eft un des beaux portraits de notre artifte. La h. eft de 14 p. & la l. de 10 p. Il y a une copie de la feule tête dont la hauteur eft de 5 p. 4 l. & la l. de 4 p. 11 l. fans nom de graveur.

No. 70.

Le portrait du Miniftre de Goerne, repréfenté de face & à mi-corps. Il eft en habit paré, décoré de l'ordre de l'aigle noir. On lit en bas: *Frédéric de Goerne, Premier-Miniftre d'Etat dirigant du grand directoire, Maître général des poftes de Sa M. le Roy de Pruffe, & Chevalier de l'ordre de l'aigle noir de Pruffe. Né le 24. Juillet 1670. mort le 24. Juin 1745.* fait par G. F. Schmidt, graveur du Roy à Berlin. Sans nom de peintre. La h. eft de 14 p. 8 l. & la l. de 10 p. 6 l. Gravé en 1752.

No. 71.

Le portrait du Roi Augufte III, repréfenté debout jusqu'aux genoux. Le corps eft dirigé vers la droite de l'eftampe & la tête eft vue de trois quarts. Il eft habillé & décoré des ordres de la Toifon d'or &

de l'aigle blanc.   On lit au bas: Augufte III. Roy de Pologne, Electeur de Saxe.   Peint par Louis de Silvestre, premier peintre du Roy, en 1743. Gravé à Berlin par G. F. Schmidt, Graveur du Roy.   La h. eft de 19 p. 3 L. & la L. de 14 p. 1 L. Gravé dans l'année 1753.

No. 72.

Le portrait de la Reine Marie - Jofephe, repréfentée debout jusqu'aux genoux.   Le corps eft dirigé vers la gauche de l'eftampe, mais la tête eft vue de face.   Elle eft en panier, & décorée de l'ordre de la croix étoilée.   On lit au bas: Marie - Jofephe, Reine de Pologne, Electrice de Saxe, Archiducheffe d'Autriche.   Peint par Louis de Sylveftre, premier Peintre du Roi en 1743. Gravé à Berlin par G. F. Schmidt, Graveur du Roi.   Ce portrait qui eft le pendant du précédent, eft de la même grandeur.   Gravé en 1753.

No. 73.

Le portrait du Dr. Eller.   Il eft repréfenté affis vis - à - vis d'une table.   La tête eft vue de trois quarts, le corps, vêtu d'une robe de chambre doublée de fourrure, eft dirigé vers la gauche de l'eftampe & il eft coiffé d'une perruque.   Sur la table il y a des livres, fur lesquels il appuye le bras droit, montrant du doigt quelques caractères chymiques, derriere lui on apperçoit une bibliothéque & un globe.   L'infcription eft: Joh. Theodor Eller, M. D. Confil. Aul. & Archiater Poruff. Regis Primar. Acad. Reg. Scient. in Claff. Phyfic. Director Colleg. Med. Supr. Decanus Acad. Natur. curioſor. adfcript. &c. Pesne pinx. 1740. G. F. Schmidt fculpf. Reg. fc. Berolini 1754.   Comme ce portrait fut gravé pendant la vie du Dr. Eller, les premieres épreuves font avant cette addition: Natus d. 29. Novbr. Stil. v. 1689. Denat. d. 14. Septbr. 1760. qui fe trouve dans les fecondes ou dans celles qu'on a tirées après fa mort, lorsque la planche a été retouchée; voyez Möhsens Verzeichniß einer Sammlung von Bildnissen berühmter Aerzte. II. Th. Catal. litt. E. pag. 87. La h. est de 14 p. 2 l. & la l. de 10 p. 2 l. La copie est faite par F. Kauke à Berlin.

No. 74.

Le portrait historié de Mad. de Grapendorff, d'après Pesne. L'aimable gaieté fous la figure d'une jeune fille ailée & deux génies font occupés à orner de fleurs le portrait de la défunte, & à le porter dans l'Empirée. Sur le devant à gauche, on voit la figure du Tems, avec fes attributs, regardant le portrait & tenant une table fur laquelle un Génie vient de graver l'infcription fuivante: Louife-Albertine de Brandt, Baronne de Grapendorff, née le 13. Decbr. 1729. morte le 28. Novembre 1753. Reçois, ombre — de l'immortalité. On lit au bas: B. N. Le Sueur pinx. & G. F. Schmidt fculpfi. La h. est de 18 p. & la l. de 12 p. 10 l. Cette estampe est fans contredit une des plus rares de Schmidt & presque introuvable, même à Berlin, ce qui fait qu'elle fe vend toujours très-chere. Schmidt même de fon vivant ne la vendoit pas moins de 3 à 4 Fréderics d'or. Dans la fuperbe collection de l'oeuvre de cet artiste, nous avons rencontré une épreuve avant les noms des artistes & avec fa contre-épreuve, la feule qui exifte. Gravé dans l'année 1755.

No. 75.

Le portrait du Miniftre d'Arnim, vu debout & jusqu'aux genoux, le corps tourné vers la gauche de l'estampe. La tête est vue de trois quarts. Il est en habit paré, décoré des ordres de l'aigle noir & de St. Jean. Il tient un livre de la main droite. Dans le lointain on apperçoit la figure de la Justice fur un piédestal, avec cette infcription: George Dietloff von

Arnim, Königl. Preuſſ. Etats-Kriegs-und dirig. Mi-
niſter, General-Poſtmeiſter, Director der Chur-Märck.
Landſchaft, Ritter des ſchwarzen und St. Johanniter-
Ordens. Compthur zu Werben, Erb-Schloß-und
Burg-geſeſſen auf Boytzenburg, Ziehow & Geboh.
d. ⁸⁄₁₈. Septbr. 1679. Geſt, de 20. October 1753. Pesne
Effig. pinx. 1742. G. F. Schmidt ſculpt. Reg. ſculpf. Berolini 1756. L'attitude & les acceſſoires ont été gravés
d'après un petit tableau de Le Sueur. La h. eſt de 19 p.
3 l. & la l. de 14 p.

No. 76.

Le portrait de la Mettrie, dans une bordure ovale. Il eſt repréſenté à mi-corps, la tête vue
de face & couverte d'un bonnet. A côté de la bordure
on voit l'Ouvrage de Pénélope, & l'Homme machine,
deux productions de cet écrivain. On lit au deſſous:
Sous ces traits vifs — ſacravit. G. F. Schmidt ad vivum pingebat & ſculpebat. Sans l'année qui eſt 1757.
La h. eſt de 9 p. 4 l. & la l. de 7 p. Il y a des épreuves
avant la lettre qui ſont belles, mais rares. Il y en a
d'autres non moins rares, où on lit dans la ſeconde
ligne, au lieu des Ris, des V***. Il y a auſſi une copie,
faite par J. C. Fritzſch, beaucoup plus petite que l'original: voyez; Möhſens Verzeichn. einer Samml. von
Bildn. berühmter Aerzte. II. Th. Cat. Lit. M. p. 87.

No. 77.

Le portrait du Comte de Woronzow. Il
eſt repréſenté aſſis, tenant une lettre de la main droite.
Le corps eſt dirigé vers la gauche de l'eſtampe & le
viſage eſt vu de trois quarts. Il eſt en habit paré & décoré de l'ordre de St. André. L'inſcription eſt: Michel de Woronzow, Comte du St. Empire Romain.
Cⁱˡⁱˑ Privé Actˡˑ de Sa M. Impériale de toutes les Ruſſie, Vice-Chancelier de l'Empire. Prᵉʳ Lieutᵃᵈᵗ de

la Compagnie de la Garde du Corps & Chambellan actuel, Chevalier des ordres de St. André, de St. Alex^{dre} Newsky, de l'Aigle bl. de l'Ag^{le} noir & de St. Anne &c. Peint par L^{is} Tocqué 1757. & gravé à St. Petersbourg, par G. F. Schmidt en 1758. La h. est de 16. p. 4. l. & la L. de 12 p.

No. 78.

Le portrait du Comte Esterhasi, vu à mi-corps, & tourné vers la gauche. Il est debout derriere une chaise, sur le dos de laquelle il pose la main droite, tenant une lettre. Il est en habit d'hiver, doublé de fourure avec des brandebourgs richement brodés. La tête, coiffée d'une perruque, est vue de trois quarts. Il est aussi décoré des marques de quelques ordres. L'inscription est: Nicolas Esterhasi de Galantha, Comte du St. Empire Romain. Ambassadeur extraordinaire de Leurs Majestés Impériales & Royales de Hongrie & de Bohême, près de Sa Majesté Impériale de toutes les Russies, Chevalier des ordres de St. André, & d'Aléxandre Newsky &c. Peint par Louis Tocqué, en 1758. Gravé à St. Petersbourg par G. F. Schmidt, en 1759. Au milieu de l'inscription on voit les armes du Comte. La h. est de 16. p. & la L. de 11 p. 9. L. Ce portrait est d'une extrême rareté.

No. 79.

Le portrait du Comte de Schouwalow, représenté debout jusqu'aux genoux & appuyé sur un canon, faisant allusion à la nouvelle invention dont il étoit auteur. Le corps est un peu tourné vers la gauche & la tête est vue presque de face. Il porte un uniforme richement brodé & il est décoré des ordres de St. André, & de l'aigle blanc. L'inscription est: Pierre Comte de Schouwalow, grand Maître de l'artillerie, Sénateur, Chambellan actuel, Aide-de-Camp. g^{ral} de Sa

Majesté Impériale de toutes les Ruffies, Sous-Lieutenant de la Comp.ie des Gardes du Corps, Chev.lier des ordres de St. André, de St. Alexandre Newsky, de l'aigle blanc & de St. Anne &c. G. F. Schmidt ad vivum fecit Petrop. 1760. Au milieu de l'inscription font les armes du Comté. La h. eft de 10 p. 8 l. & la l. de 7 p. 8 l. Ce portrait eft rare.

No. 80.

Le portrait de Pierre le Grand, dans une bordure ovale. L'Empereur eft vu à mi-corps, & en cuiraffe, tourné vers la droite de l'eftampe. La tête, qui eft dirigée vers le même côté, eft vue de trois quarts. Il a la tête nue & porte une mouftache. On lit, dans la bordure: Pierre le Grand, Empereur de toutes les Ruffies, & au bas: Каковъ былъ — исумсплилъ А. С. Peint par J. M. Nattier, membre de l'Académie Royale de Paris. Gravé par E. Tzfchemefow, éleve de l'Académie I.mp. des beaux Arts de St. Petersbourg. Ce portrait fert de frontifpice à un journal ruffe. Il n'y a que le vifage de gravé par Schmidt, le refte l'eft par fon éleve. On trouve auffi des épreuves avant la lettre, mais avec l'infcription dans la bordure. La h. eft de 6 p. 7 l. & la l. de 4 p. 2 l.

No. 81.

Le portrait du Roi d'Efpagne Charles III. dans une bordure ovale. Le Roi eft vu à mi-corps, dirigé vers la droite, en cuiraffe, & décoré de l'ordre de la Toifon d'or. La tête vue de trois quarts, eft coiffée d'une perruque en queue. L'infcription eft: Charles III. Rey de Efpanna y de las Yndias, S. 1761. La h. eft de 4 p. 2 l. & la l. de 2 p. 10 l. Nous fommes en doute fi ce portrait eft véritablement de Schmidt, l'artifte n'ayant mis que la lettre initiale de fon nom de famille; ce qui nous engage à le joindre à cet oeuvre, c'est, qu'en comparant ce portrait avec le bufte du Comte de Brubl, que nous indiquerons fous No. 84. nous y trouvons la même manœuvre par des points dans le traitement des chairs.

No. 82.

Le portrait de l'Impératrice Elifabeth, figure entiere. Elle eft vue de face & debout à côté d'une table, fur laquelle elle pofe la main droite; elle tient de la même main le fceptre impérial, & laiffe tomber négligemment le bras gauche. Elle eft en panier & en grande & fuperbe parure, ayant les cheveux frifés, & la tête couverte de la couronne impériale. Elle porte le cordon de l'ordre de St. André. Le manteau impérial, qui eft parfemé des aigles doubles impériales & fourré d'hermine, lui tombe le long de l'épaule gauche & couvre une partie du panier. L'infcription eft: ЕЛИСАВЕТА ПЕРВАЯ ІМПЕРАТРИЦА Ісамолережица Всероссїйская. Писаль Л: Токе. 1758. Тр. Геор. Фрид.: Шмить вb самкт. Петербургѣ. 1761. Dans la bordure on lit encore en très-petits caractères. L. Tocqué, Peintre du Roi pinxit 1758. Gravé à St. Petersbourg par George Fréderic Schmidt en 1761. La h. eft de 25 p. 9 l. & la l. de 19 p. 2 l. Ce fut M. Wille, qui fut chargé par fon ami de faire préparer la grande planche de ce portrait. Dans notre collection il y a de ce fuperbe portrait, une épreuve avant la lettre & fans le vifage terminé, objet de curiofité presqu'introuvable; mais auffi les belles & premieres épreuves avec la lettre font extrémement rares & fe vendent à un prix très-haut. Cette piece fut commencée en 1761. & terminée en 1762. L'impératrice avoit le nez fort court & Tocqué l'avoit peint tel qu'il l'avoit vu. Sa Majefté vouloit avoir le nez long &

Schmidt, à qui cela étoit très-indifférent, le lui fit auffi long qu'elle le defirait. Quand Tocqué vit cette eftampe à Paris, il fut très-faché de ne pas reconnoître fon tableau.

No. 83.

Le portrait du Comte de Rafoumowsky, repréfenté debout jusqu'aux genoux, le corps dirigé vers la droite de l'eftampe & la tête vue prefque de face. Il eft en uniforme, richement brodé, décoré du cordon & des marques de l'ordre de l'aigle blanc, & tient le bâton de commandement dans la main droite. On voit à fes côtés des timbales & un drapeau avec l'aigle impérial de Ruffie & dans le lointain un combat de cavalerie. L'infcription eft: Cyrillus Comes de Rafumlowsky, S. Imp. Maj. omnium Ruffiar. minoris Hetmannus, milit. Praetorian. Ismailow Protribunus. Imperial. Academ. Scient. Praefes, ordinum St. Andreae, aquilae albae, St. Alexandri & St. Annae Eques. L. Tocqué pinx. 1758. G. F. Schmidt fculpf. Petropol. 1762. La h. eft de 17 p. 9 l. & la l. de 13 p. 1 l. Ce portrait eft très-rare, principalement les épreuves avant la lettre.

No. 84.

Le bufte du Comte de Bruhl, Premier Miniftre du Roi de Pologne, fur un piédeftal, tourné vers la main gauche de l'eftampe, décoré des ordres de l'aigle blanc & de St. André. La tête couverte d'une perruque, eft prefque vue de face. A côté du piédeftal il y a un petit Génie, qui, le cifelet & le maillet en main, grave les vers fuivans fur le piédeftal: Eft animus — Rectus. D. J. U. On lit en bas, hors de la bordure: G. F. Schmidt del. & fculpf. p. Sans année, quoiqu'on fache, que notre artifte l'a gravé pendant fon féjour à St. Petersbourg en 1762. Voyez Heineckens Nachr. von Künftl. und Kunftfachen. I. Theil. S. 147.

La h. eſt de 7 p. 4 l. & la l. de 4 p. 11 l.   Les premieres
épreuves n'ont ni les vers ſur le piédeſtal, ni le nom
du graveur.   L'abbé Victor, vivant actuellement à Turin,   ancien gouverneur de l'Electeur de Saxe régnant,
l'a fait graver à ſes frais par Schmidt,   pour en faire
un cadeau au Comte de Bruhl.   Nous avons une contre-
épreuve de cette eſtampe.

No. 85.

Le portrait du Dr. Mounſey,   repréſenté
aſſis jusqu'aux genoux,   le corps dirigé vers la droite
de l'eſtampe, la tête couverte d'une perruque & presque
vue de face.   Il tient les Oeuvres d'Hippocrate ſur ſes
genoux & montre de la main droite un paſſage du cha-
pitre de arte,   qui commence „ut eorum durities et
mollitudo“ ——   Derriere lui on apperçoit des livres &
un globe.   L'inſcription eſt: Jacobus Mounſey Sacrae
Caeſareae Majeſtatis Ruſſiae Conſiliarius intimus et Me-
dicus Primarius,   nec non Cancellariae totiusque facul-
tatis Medicae per univerſum Imperium Archiatrus et
Director ſupremus,   Collegii Medici Regalis Edimbur-
genſis et Societatis Londinenſis Socius &c.   G. F. Schmidt
Sculpt. Regis ad vivum fecit Petropol. 1762.   La h. eſt
de 14 p. 3 l. & la l. de 10 p.   Voyez Möhſens Verzeichniſs einer Sammlung von Bildniſſen berühmter
Aerzte. II. Th. Catal. L^a. M. p. 92.   Ce portrait eſt un
des plus rares de notre artiſte,   attendu qu'on n'en a
tiré que peu d'exemplaires.

No. 86.

Le portrait du Miniſtre d'Etat Borck,
repréſenté jusqu'aux genoux debout devant un bureau
ſur lequel il y a des mémoires,   quelques livres &c.   Il
tient le bras gauche appuyé ſur le dos d'une chaiſe &
le corps dirigé vers la main gauche de l'eſtampe.   La
tête eſt vue de trois quarts.   Il eſt en habit paré garni

de brandebourgs brodés, avec une croix attachée au
cou. L'inscription est: Fridericus Wilhelmus Borck,
Regis Borussorum Minister Status et Belli, Dominus
in Hüth, Offenberg, Falckenberg etc. Ant. Pesne
pinx. G. F. Schmidt Sculptor Regis sculpsit Berolini
1764. La h. est de 17 p. 11 l. & la l. de 12 p. 8 l.

No. 87.

Le portrait du Banquier Splittgerber.
Il est représenté jusqu'aux genoux, assis devant une
table, couverte de livres & de papiers de commerce.
Le corps est dirigé vers la main droite de l'estampe &
la tête est vue de trois quarts. L'inscription est: Da-
vid Splittgerber, gebohren d. 18. Octbr. 1683. gestor-
ben den 23. Febr. 1764. J. M. Falbe pinx. 1758. G. F.
Schmidt Sculpt. Reg. sculpf. Berolini 1766. La h. est
de 19 p. 1 l. & la l. de 13 p. 9 l.

No. 88.

Le portrait du Prince Henri de Prusse,
représenté jusqu'aux genoux. Il est assis dans un fauteuil, le corps dirigé vers la gauche de l'estampe, &
la tête tournée de trois quarts, posant la main gauche
sur le bras du fauteuil, & tenant la droite étendue pour
montrer quelque chose. Il est en habit d'hyver, doublé de fourure, décoré des marques de différens ordres.
L'inscription est: Fréderic-Henri-Louis, Prince de
Prusse, par son très-humble, très-obéissant & très-
fidele Serviteur Cesar. Amadée Vanloo pinx. 1765.
Gravé par G. F. Schmidt, graveur du Roi 1767. A Berlin chez l'auteur à la nouvelle Cologne sur le Canal.
La h. est de 18 p. 9 l. & la l. de 13 p. 5 l. Il y a de ce
portrait des épreuves avant la lettre, mais on les rencontre rarement.

No. 89.

Le portrait du Peintre de la Tour, en ovale fur un chevalet. Il eft vu à mi-corps tourné vers la gauche de l'eftampe. La tête, vûe de trois quarts, eft coiffée d'une perruque & couverte d'un chapeau bordé dont le bord eft rabattu par devant. Vêtu fimplement, il a une table devant le chevalet fur laquelle il y a quelques livres, une boîte à paftels & des feuillets fur un defquels eft écrit: Maurice Quentin de la Tour, Peintre du Roi & Confeiller en fon Académie Royale de Peinture & Sculpture. On voit encore derriere le chevalet attaché au mur le portrait de l'Abbé dont nous avons fait mention fous No. 48. La lettre en bas eft: Peint par lui même. Gravé par fon ami G. F. Schmidt, Graveur du Roi en 1772. A Berlin chez l'auteur à la nouvelle Cologne fur le Canal. La h. eft de 12 p. 3 l. & la l. de 9 p. 4 l.

No. 90.

Le portrait du Dr. Büfching, dans une bordure ovale. Il eft vu à mi-corps, tourné vers la main gauche de l'eftampe, habillé de noir avec un rabat. La tête, qui eft vue presque de face, eft coiffée d'une perruque. Derriere lui on voit un globe, attribut des fciences géographiques, dans lesquelles ce favant s'eft diftingué. On lit au bas: Anton Friedrich Büfching. Erickfen pinx. 1765. G. F. Schmidt fculpf. 1774. La h. eft de 6 p. 9 l. & la l. de 4 p. 5 l.

No. 91.

Le portrait de M. de Katt, Général-Feldmaréchal & Miniftre d'Etat du Roi de Pruffe, Chevalier de l'ordre Teutonique. Il eft repréfenté jufqu'aux genoux, tourné un peu vers la droite de l'eftampe & vu presque de face. Il eft armé de toutes pieces, à la réferve de la tête qui eft couverte d'une perruque affez mal peignée. Un grand manteau, doublé de fourrure, attaché par une agraffe fur la poitrine lui coûvre la cuiraffe. Il eft décoré de l'ordre de l'aigle noir, & de la croix de l'ordre Teutonique. Il appuye le bâton de Maréchal, qu'il tient de la main gauche, fur un rocher à côté d'un casque & pofe le bras droit fur la hanche. Le lointain repréfente un combat de cavalerie. La h. eft de 18 p. 6 l. & la l. de 13 p. 3 l. Il n'y a que la tête & les mains qui foient gravées par notre artifte, le refte eft de Fred. Gottlieb Berger le pere. Schmidt ayant différé de terminer cette planche, & les héritiers de M. de Katt refufant de remplir leurs engagemens, M. Berger demanda le payement à Schmidt, dont les héritiers ont gardé la planche, & ont vendu les épreuves fans infcription. Delà vient que les épreuves qu'on rencontre font toujours fans infcription & fans noms ni de peintre ni de graveur. Nous avons devant nous une épreuve finie par Berger; mais fans le vifage & les mains, parties, auxquelles Schmidt n'avoit pas encore touché, ce qui nous montre, qu'il fe réfervait ces parties, comme nous l'avons remarqué ailleurs, & que c'était par-là qu'il terminoit fes ouvrages. Il eft gravé dans l'année 1774. Il paroît que Schmidt a choifi pour l'ordonnance de ce portrait celle de Louis-Antoine de Pardaillon de Gondrin, gravé par N. Tardieu, d'après H. Rigaud, car il n'y a de différence entre ces deux portraits que celui du vifage, de la perruque & de quelques accefloires comme l'ordre, l'écharpe, &c.

PREMIERE PARTIE

GRAVURES

AU

BURIN.

SUJETS

HISTORIQUES, SATYRIQUES, GALANTES

ET

ESTAMPES POUR DES LIVRES.

No. 92.

Le Joueur de flûte. Sujet galant de quatre figures, habillées à l'efpagnole, l'une repréfente un jeune homme debout, jouant de la flûte, l'autre une dame affife, tenant fon éventail de la main gauche, & paroiffant parler à un jeune homme, qui lui offre des fleurs, la quatrieme figure eft une fervante derriere la dame; le lointain offre un ruiffeau & quelques arbres. Cette eftampe eft une copie de notre artifte d'après l'eftampe gravée par C. N. Cochin, d'après Lancret. L'original eft fans infcription, mais au deffous de cette copie de Schmidt on lit: Par une — des amans. N. Lancret pinxit. G. F. Schmidt fculpfi. La copie eft de la même grandeur que l'original. Elle eft très-rare. La h. eft de 9 p. 8 l. & la l. de 6 p. $10\frac{1}{2}$ l. Cette eftampe eft de l'année 1729.

No. 93.

Deux petites Eftampes, qui entrent dans le livre: Befchreibung der griechifchen Chriften in der Turckey, von Jacob Elsner, in-8°. à Berlin 1737. favoir:

Le Frontifpice. Le portrait d'Athanafius Doroftanus, Archimandrit des Patriarchen zu Conftantinopel. Cette infcription fe trouve au deffous de la bordure ovale du portrait. On lit: Gravé & deffiné par Geo. Frider. Schmidt, à Berlin. Au deffus de la bordure à main gauche eft écrit: Am Titul.

D

Fig. 1. p. 62.   Der Griechifche Patriarch zu Conftantinopel. Ge. Frider. Schmidt fculpf. Berolini.

Fig. 2. p. 72.   Der Patriarch zu Pferde.   G. F.
Schmidt fculpf. Berolini.

Fig. 3. p. 83.   Die Patriarchal a. Kirche und b. Hoff.

Fig. 4. p. 98.   Ein Ertz - Bifchoff, wenn er fegnet.

Fig. 5. p. 98.   Ein Metropolit der da fegnet.

Fig. 6. p. 103.   Ein Archimandrit der da fegnet.

Fig. 7. p. 104.   Ein Abt.

Fig. 8. p. 238.   Ein Diaconus der das h. Brod auf
dem Haupt trägt.

Fig. 9. p. 238.   Ein Priefter mit dem h. Kelch in
der Proceffion.

 Le nom de Schmidt ne fe trouve qu'an titre & à
la 1ere & 2e planche. Toutes les infcriptions font au bas
de l'eftampe, dont la h. eft de 4 p. 2 l. & la l. de 2 p. 11 l

No. 94.

 Le titre pour un nouveau Teftament. On
y voit la figure de la Religion avec la croix, affife fur des
nues, & dirigée vers la gauche de l'eftampe. Elle tient
de la main droite un livre ouvert, & dans la gauche elle
porte du feu. Le ciel ouvert eft derriere elle avec l'a-
gneau de l'Apocalypfe couché fur le livre aux fept
fceaux. En bas fe trouvent, un autel renverfé, deux
vafes, & un couteau de facrifice avec un bouc & un
agneau immolés, emblèmes de l'ancien Teftament. On
remarque encore quelques figures & quelques têtes
d'anges, dont un femble porter le livre qu'il montre
de la main. Cette piece eft fans le nom du graveur &

fans l'année qui eft 1736. La h. eft de 4 p. 4 l. & la l. de 2 p. 5 l.

No. 95.

Figure entiere d'une jeune Grecque, dans fon habit national, tournée vers la droite, & paroiffant regarder quelque chofe. Dans le lointain on voit un piédeftal & un payfage avec quelques arbres. L'infcription eft: La belle Grecque, avec ces vers: Jeune Beauté - vos vainqueurs. A Paris chez N. de Larmeffin Graveur du Roi, &c. — A. P. D. R. N. Lancret pinxit, G. F. Schmidt fculpf. La h. eft de 11 p. 1 l. & la l. de 7 p. 9 l. Cette eftampe a été gravée dans l'année 1736.

No. 96.

La figure entiere d'un jeune Turc, dans fon habit national, portant une guitarre fous le bras gauche. Dans le lointain il y a un payfage. L'infcription au bas eft: Le Turc amoureux, avec ces vers: Jusque dans — que nous. A Paris chez N. Larmeffin &c. N. Lancret pinxit. G. F. Schmidt fculpf. La h. eft de 11 p. & la l. de 7 p. 8 l. Cette eftampe fait le pendant de la précédente. Gravée en 1736. *).

No. 97.

Un fujet repréfentant en fept figures entieres les principaux perfonnages du théâtre italien; favoir: Pierrot, Arlequin, Colombine, le Docteur, Ifabelle, Scapin & Mezetin. L'infcription

---

*) Ces deux eftampes furent les premieres planches que Schmidt grava à fon arrivée à Paris pour M. de Larmeffin. Il les finit dans fon auberge, & ce ne fut qu'après qu'il alla loger chez ce maître.

au bas eſt: Le Théâtre italien; avec ces vers: Ici les —
les vicieux. A Paris, chez N. de Larmeſlin, &c.   N.
Lancret pinxit. G. F. Schmidt ſculpſ.   La h. eſt de 11 p.
3 l. & la l. de 8 p. 6. l.

No. 98.

Un ſujet pris du Roman de Lazarille de
Tormes. On y voit une rue, dans laquelle un aveugle mendiant, tenant une potence dans la main gauche,
donne de la tête contre un pilier, derriere lequel le
jeune Lazarille s'eſt caché. Il y a encore dans le lointain deux figures, dont l'une porte un paraſol. L'inscription eſt: Lazarille pour ſe venger fait caſſer la tête
à l'aveugle contre un pilier & le quitte. Tome Iᵉʳ Cha-
pitre 5. P. le Mesle inv. & del. Schmidt ſculp. /Paris
chez Thevenard, C. P. R. Voici l'éclairciſſement, que
M. Wille à Paris nous a donné ſur cette eſtampe, dans
une de ſes lettres. „L'eſtampe de Lazarille de Tormes
„devroit être difficile à trouver.   Elle n'a pas été deſti-
„née pour l'ornement d'un livre; un certain imprimeur
„de planches, que nous avons connu autrefois, la fit
„graver vers les années 1737. ou 1738. Cette homme étant
„mort depuis environ une trentaine d'années, perſonne
„ne fait ce que la planche eſt devenue. Je me ſuis adreſſé
„à tous les marchands, mais la plupart ignorent jusques
„à ſon exiſtence.“   Cette eſtampe, qui eſt réellement
très-rare, & ſans année, eſt h. de 11 p. 4 l. & l. de 7 p.
10 l.   Les autres 11. feuilles, qui complettent la ſuite
pour ce roman, ſont auſſi inventées & deſſinées par
P. le Mesle, mais gravées par différens artiſtes.

No. 99.

Sujet tiré des Contes de la Fontaine, &
répréſentant la jeune Promiſe ſortant du jardin dans le

moment que Nicaife revient avec fon tapis, après l'heure du berger. L'infcription eft: Nicaife; avec les vers fuivans; Que dans — changé d'avis. M. Roy. A Paris chez Larmeffin &c. N. Lancret pinxit. G. F. Schmidt fculpf. La h. eft de 11 p. 10 l. & la l. de 13 p. 8 l. On a de cette eftampe trois fortes d'épreuves, qui diffèrent en beauté & en rareté. Les premieres & les plus belles font celles avec le nom de Schmidt, mais elles font extrémement rares. Les fecondes portent le nom de Larmeffin. Ces épreuves, qui fe trouvent fouvent, ont été tirées après que la planche a été retouchée. Les troifièmes font en tout égales aux fecondes, excepté qu'au milieu des vers fe trouve encore l'adreffe: à Paris chez Buldet & Comp^{ie}; ce qui annonce qu'elles font poftérieures aux fecondes, la planche ayant changé de poffeffeurs. Ces épreuves ont été tirées après une nouvelle retouche de la planche. Schmidt a gravé cette eftampe dans l'année 1737.

No. 100.

Un fujet repréfentant une compagnie de jeunes Garçons & de jeunes Filles, en différentes attitudes. Un garçon & une fille debout au milieu de la planche, font occupés de leur jeu. La fcene eft dans un bocage. On voit un terme derriere un groupe de jeunes filles. L'infcription eft: Le jeu de cache cache mi toulas; avec les vers: Quoi, jeune — lui même. A Paris chez de Larmeffin, &c. Lancret pinx. de Larmeffin fculpf. La h. eft de 11 p. 10 l. & la l. de 13 p. 7 l. Quoique le nom de Schmidt ne fe trouve pas fur cette eftampe, elle n'en eft pas moins de lui, & M. de Larmeffin n'y a mis le fien, qu'après la réputation que notre artifte s'étoit acquife. Elle eft de l'année 1737.

No. 101.

Sujet repréſentant quelques jeunes Filles & un jeune Garçon, qui jouent entre eux. La ſcene eſt un bocage. A main gauche on voit un vaſe ſur un piédeſtal. En bas on lit l'inſcription : Le jeu des quatre coins; & les vers ſuivans : T'expoſant au — ton coeur. A Paris chez de Larmeſſin, &c. N. Lancret pinxit, de Larmeſſin ſculpſ. La h. eſt de 11 p. 8 l. & la l. de 13 p. 10 l. Il y a trois ſortes d'épreuves. Les premieres & les plus rares ſont avec le nom de Schmidt, les ſecondes avec celui de La meſſin, les troiſiemes ont, au lieu de l'adreſſe de Larmeſſin, celle de Gaillard, &c. Ces dernieres furent tirées après que la planche eut été retouchée. On les trouve ſouvent. C'eſt par le même motif que nous avons allegué au No. précédent que Larmeſſin a ſubſtitué ſon nom à celui de Schmidt. Cette piece a été gravée en 1737.

No. 102.

Sujet tiré des Contes de la Fontaine. Le mari eſt aſſis devant une table, feuilletant des regiſtres. L'amant eſt debout à côté de lui, & lui parle en montrant la femme, qui eſt auſſi debout, & placée derriere. L'inſcription eſt : A femme avare galant eſcroc; avec ces vers : Rayés les — a reçûs. M. Roy. A Paris, chez de Larmeſſin &c. N. Lancret pinx. de Larmeſſin ſculpſ. La h. eſt de 12 p. 1 l. & la l. de 13 p. 6 l. Il eſt encore à obſerver, que la figure de l'amant repréſente notre artiſte, & celle du mari le frère de M. Lancret. On a deux différentes épreuves de cette eſtampe : les premieres portent le nom de Larmeſſin, les ſecondes ſont égales quant aux premieres, ſi ce n'eſt qu'on lit encore au milieu des vers l'adreſſe : à Paris chez

Buldet & Comp^le. Les fecondes font tirées aprè: a retouche de la planche. Dans notre collection de l'oeuvre de Schmidt, nous avons rencontré une épreuve
avant la lettre, qui eft unique. Cette eftampe eft de
l'année 1738.

No. 103.

Autre fujet tiré des Contes de la Fon-
taine. On voit l'intérieur d'une chaumiere. La maî-
treffe de Fréderic, s'étant levée de table, lui préfente
une main, qu'il arrofe de fes larmes. Derriere la table
il y a une vieille fervante, qui ôte le couvert. Dans
le fond on voit la tête du faucon tué. L'infcription au
bas eft: Le Faucon; avec ces vers. Des tréfors — un
amant. M. Roy. A Paris chez Larmeffin &c. Lancret
pinx. Schmidt fculpf. La h. eft de 12 p. 2 l. & la l. de
13 p. 10 l. Il y a de cette eftampe deux différentes
épreuves. Les premieres portent le nom de Schmidt
& font extrémement rares, les fecondes font avec le
nom de Larmeffin, fubftitué à celui de Schmidt *).
Gravé dans l'année 1738.

No. 104.

Un fujet repréfentant une Dame devant
fa toilette, tenant de fa main droite le portrait de fon
amant, affis à côté d'elle. Les deux amans fe donnent

---

*) Nous nous flattons que les amateurs qui recherchent les
productions de notre artifte nous fauront gré en inferrant ici
l'extrait d'une lettre de M. Wille, en date de Paris le 22.
Mars 1783. „Les eftampes que Schmidt a gravées d'après
„Lancret font très-aifées à trouver, mais non avec le nom
„de Schmidt. Il n'y eut dans le tems que 12 épreuves avec
„fon nom; enfuite il fut effacé felon la convention entre lui
„& Larmeffin, qui fubftitua le fien. Cette affaire s'eft paffée
„devant moi, il y a environ 45 ans.

les mains. En bas il y a l'infcription: L'adolefcence; avec ces vers: Jeune beauté — connoître pas. Cochin filius invenit. G. F. Schmidt fculpf. Dans le milieu des vers on lit; à Paris chez Dupuis, graveur du Roi &c. La h. eft de 7 p. 9 l. & la l. de 8 p. 4 l. Elle eft de l'année 1738.

No. 105.

Une demi-figure, que Schmidt grava en 1738. d'après un deffin de Watteau, fur une planche in-4°. C'eft une jeune femme presque de profil, coiffée en cheveux relevés, avec un mantelet fur les épaules, mais fans mains. Cette gravure eft en grande partie à l'eau-forte & légérement touchée au burin, comme cela fe trouve aux deffins fpirituels de ce maître. Nous en ignorons les dimenfions & pour qui elle a été faite.

No. 106.

Quelques petits Poliffons, les uns affis, les autres debout, dont les uns fe moquent des autres, fur une planche, petit in-folio en hauteur, que Schmidt grava presque toute au burin en 1738. pour un particulier, qui vouloit faire valoir fon argent. C'eft une eftampe médiocre, ayant été faite d'après un mauvais tableau. Schmidt étoit lui-même de ce fentiment, l'eftimant fi peu qu'il ne voulut jamais en faire voir les épreuves, mais il l'avoit gravée pour de l'argent. Cette eftampe n'a jamais paru dans le commerce, & l'on n'en rencontre aucune épreuve.

No. 107.

Un crucifix, piece médiocre. En bas de la croix il y a le ferpent & la pomme. L'infcription au bas eft: Voilà — même. Sculpté par F. Girardon. Gravé

par C. F. Schmidt. A Paris chez la veuve de F. Chereau,
graveur du Roi, rue St. Jacques aux deux piliers d'or.
A. P. D. R.   La h. eſt de 13 p. 7 l. & la l. de 7 p. 11 l.
C'eſt dans l'année 1738. que cette eſtampe a été gravée.

No. 108.

Deux petites gravures ſatyriques, contre
la Marquiſe du Châtelet, d'après les deſſins de Cochin.
L'une repréſente Apollon ſur un piédeſtal, tenant dans
la main droite un rat, & dans la gauche la lyre, ſur le
dos il porte le carquois rempli de flèches; dans le lointain il y a un payſage.   L'autre repréſente une dame
à la porte d'un bâtiment, ſe regardant dans un miroir
de poche, qu'elle tient dans la main gauche; ſur la tête
on voit quatre rats.   A l'entrée du bâtiment il y a un
homme qui lui préſente une marotte; devant la dame
on voit encore un petit polichinelle, portant ſur la tête
un chaudron au lieu d'un casque, & ſur l'épaule droite
une torche allumée; au lieu d'épée il porte une broche,
qu'il tient avec la main gauche. Au deſſus de la porte il
y a encore deux gros rats qui ſervent de ſupports à un
cartouche. Toute l'action ſe paſſe à la lueur de la pleine
lune.   Le ſens de ces deux eſtampes n'eſt pas trop aiſé
à deviner, & fait ſans doute alluſion au caractère de
cette dame, d'ailleurs ſi célèbre par l'univerſalité de ſes
connaiſſances & ſurtout par ſon génie pour les recherches philoſophiques.   Ce qui prouve que ces deux pieces, de la plus grande rareté, ſont indubitablement gravées par Schmidt, ce ſont les deux épreuves avant la
lettre qui ſe trouvent dans notre collection.   Dans le
morceau qui repréſente Apollon, M. Cochin donne
quelques avis de ſa propre main à Schmidt, qu'il
nomme, au ſujet des corrections néceſſaires à faire.
Comme ces deux pieces ſont pendants, elles ſont de la

même grandeur. La h. eſt de 6 p. 10 l. & la l. de 4 p. 5 l.
Elles ont été gravées dans l'année 1738.

No. 109.

Le frontiſpice, les vignettes, les culs-de-
lampes &: lettres griſes *), en 32 pieces, y com-
pris un cul-de-lampe pour la fin du Diſcours préliminaire, qui n'a pas été employé, pour la grande édition
des Mémoires de Brandebourg, publiée en 1767. à
Berlin, chez C. F. Voſs en 3 Vol. in-4°. Nous allons
donner une deſcription de ces pieces ſuivant l'ordre
dans lequel elles ſe trouvent dans le livre.

*) Le frontiſpice offre la Vérité qui écrit l'hiſtoire de
Brandebourg. Un Génie lui enleve le voile & dé-
couvre le ſoleil ſur ſa poitrine. Quatre autres Génies lui préſentent une plume, un encrier, des médailles &c. pendant que deux autres s'amuſent à ex-
aminer ces médailles. Le Tems en haut leve un rideau, & montre à la Vérité les événemens du paſſé.
On voit dans le lointain une bataille près d'une ville
incendiée. On lit en bas: G. F. Schmidt inv. &
ſculpſ. La h. eſt de 8 p. & la l. de 6 p. 6 l.

ᵇ) La vignette pour le titre du Tome Iᵉʳ. La Muſe royale de l'hiſtoire, caractériſée par le ſceptre qu'elle
tient en main, écrit l'hiſtoire, elle eſt entourée de
quelques Génies qui lui préſentent des livres, des
documens &c. Le nom de Schmidt ne s'y trouve
pas. La h. eſt de 2 p. 4 l. & la l. de 3 p. 3 l.

ᶜ) Le cul-de-lampe à la fin du Diſcours préliminaire
(pag. XV.) repréſente le chiffre royal FR. qu'un

*) Le Frontiſpice & les portraits des vignettes, ſont gravés
au burin, mais les vignettes même, les culs-de-lampes &
les lettres griſes ſont à l'eau-forte.

Génie entrelace d'une guirlande. Un autre feuillete un grand livre. Un pot de fleurs, une branche de laurier &c. fervent à completer le fujet. On lit dans un coin à main gauche Georg Fridrich Schmidt fec. La h. eft de 3 p. 1 l. & la l. de 3 p. 7 l.

*) Notre artifte grava encore d'après un deffin de Le Sueur, un autre cul-de-lampe pour la fin de ce Difcours préliminaire; mais il ne fut pas employé & le précédent eut la préférence. Voici le fujet. Un lion couché brife une flèche; au deffus du lion l'aigle pruffienne tient une banderole avec la devife: Quis hunc impune laceffet. Le chiffre royal eft en bas dans un petit cartouche. Les ornemens de la vignette font compofés de différentes fortes d'armes & d'inftrumens relatifs aux beaux arts & à l'agriculture. Comme cette planche n'a pas été employée, elle eft extrémement rare. Le nom de Schmidt n'y eft pas. Au refte elle eft exaêlement de la même grandeur, que celle dont on a fait ufage.

*) La vignette au commencement des Mémoires (pag. 1.) repréfente un trait de l'hiftoire du Bourggrave Fréderic IV. de Nuremberg, qui battit Fréderic d'Autriche, le fit prifonnier & le livra à l'Empereur Louis de Baviere &c. (pag. 3.) Tel eft le fujet de la planche. Près du tapis qui couvre les gradins du trône impérial on lit: G. F. Schmidt fec. Les épreuves avant ce nom font très-difficiles à trouver. La h. eft de 3 p. 4 l. & la l. de 5 p. 3 l. *).

*) Pour éviter les répétitions des mefures égales, nous remarquerons que tous les ornemens dont nous n'indiquons point les dimenfions, font à peu près de même grandeur: favoir les vignettes de 3 p. & de 3. 4 à 5 l. de h. fur 5 p. & 3. 4 à 5 l. de l. & les culs-de-lampes de 3 p. 11 l. à 4 p. de h. fur 4 p. & 4 à 5 l. de l. & les lettres grifes de 13 l. en carré.

f) Le cul-de-lampe (pag. 10.). Deux branches de palmier, un caducée, une trompette. La h. eſt de 1 p. & la l. de 3 p. 10 l. C'eſt le même qui eſt employé p. 136. dans les Poëſies diverſes.

g) La vignette au commencement de la Vie de l'Electeur Fréderic I. (pag. 11.) repréſente le portrait de ce Prince dans une bordure ovale, decoré du manteau électoral ayant la tête nue *). On lit dans la marge de la planche du bas vers la gauche: G. F. Schmidt ſculp. Les épreuves avant le nom, ſont très-rares.

h) Le cul-de-lampe à la fin de cette Vie (pag. 14.) offre deux Génies, occupés à attacher les armes de la Marche Uckeraine à une colonne, ſur laquelle celles de la vieille & moyenne Marche ſont déja attachées. On voit encore dans le fond un combat de cavalerie, faiſant alluſion à la guerre que Fréderic I. fit aux Ducs de Pomeranie, ſur lesquels il conquit la Marche Uckeraine & la réunit à la vieille & moyenne Marche, (pag. 13.) Le bonnet électoral & la clé de chambellan poſés ſur un couſſin, marquent que ce Prince fut le premier de la maiſon de Hohenzollern, à qui l'Empereur conféra la dignité électorale, & la dignité d'archichambellan de l'Empire (pag. 11.) On lit au bas de l'eſtampe, G. F. Schmidt fec.

i) La vignette au commencement de la Vie de Fréderic II. (pag. 15.) renferme le portrait de cet Electeur. La peau de lion & la maſſue d'Hercule ſont alluſion à la force de ce Prince, au ſujet de laquelle il fut ſurnommé Dent de fer. On lit dans la marge, au

---

*) La plupart de ces portraits ont une bordure ovale ou ronde, & ſont repréſentés avec le manteau électoral & la tête nue. Les noms des Electeurs ſe trouvent au deſſous de la bordure dans un cartouche. C'eſt pour éviter la répétition que nous faiſons cette remarque.

bas vers la gauche; Schmidt fec. Les épreuves avant
ce nom, font très-difficiles à trouver.

*) Le cul-de-lampe à la fin de cette Vie (pag. 18.) a
pour fujet deux Génies, l'un tient une balance & le
bàton fymbolique de l'hommage & l'autre qui tient
une branche de laurier & une épée, s'appuye fur un
lion couché.   Ce fujet fait allufion au caractère jufte
& modéré de ce Pr ce (pag. 16. 17.)   On apperçoit
encore vers la gauche de la piece un vieux château
fitué fur un rocher, & on lit vers le bas de l'eftampe.
G. F. S. fec.

*) La vignette au commencement de la Vie d'Albert-
Achille (pag. 19.) repréfente le portrait de cet Electeur.
Il porte une mouftache & la barbe courte & frifée féparée au milieu.   Les différentes armes & le miroir,
qu'on voit autour du portrait, font les emblêmes de
la valeur & de la prudence de ce Prince (pag. 19.) Le
nom de Schmidt ne fe trouve pas fur cette planche.

**) Le cul-de-lampe à la fin de cette Vie (pag. 26.)
nous offre un combat de cavalerie, près d'une vieille
tour. On y voit le Prince mentionné, qui dans une
bataille contre les Nurembergeois enleva un étendart
à un guidon de cette ville, & qui fe battit feul contre feize hommes (pag. 20.)   Le refte de l'eftampe
eft compofé de différentes armes anciennes.   On lit
près du pied, ou du bouton d'une lance, Georg Fridrich Schmidt fec.

*) La vignette au commencement de la Vie de Jean le
Cicéron, (pag. 27.) repréfente le portrait de ce Prince
entouré de trophées.   Il a la barbe courte avec une
mouftache. Le nom de notre artifte n'eft pas fur cette
planche.

*) Le cul-de-lampe à la fin de cette Vie (pag. 30.) re-
préfente une bataille, dans laquelle l'Electeur défait

le Duc de Sagan & le fait prifonnier. On lit vers le bas de l'eftampe; Schmidt fec. Les épreuves avant le nom, font très-rares.

*) La vignette au commencement de la Vie de Joachim I. (pag. 31.) repréfente le portrait de cet Electeur. Il a la barbe courte, & la mouftache mince. Le nom de Schmidt ne s'y trouve pas.

*) Le cul-de-lampe à la fin de cette vie (pag. 32.) offre trois Génies qui regardent une carte géographique. L'un montre avec le doigt la ville de Ruppin, faifant allufion à la réunion de ce comté à la Marche par cet Electeur (pag. 31.) Le chiffre ℛ. fe trouve dans un cartouche au bas de l'eftampe & manque dans les premieres épreuves. On lit à côté de ce cartouche; Schmidt fec.

*) La vignette au commencement de la Vie de Joachim II. (pag. 33.) montre fon portrait. Il a la barbe courte & féparée du menton & porte une mouftache. La corne d'abondance marque la libéralité de ce Prince. On lit à la marge au bas vers la gauche de l'eftampe: G. F. Schmidt fculpf. Les épreuves avant le nom ne fe trouvent que très-rarement.

*) Le cul-de-lampe à la fin de cette Vie (pag. 44.) repréfente l'Electeur qui, apprenant que l'Empereur Charles-quint avoit fait arrèter le Landgrave Philippe de Heffe & qu'il autorifoit fa démarche du paffage équivoque d'un fauf-conduit dont l'Electeur étoit garant, fut fi outré de colére de ce manque de foi, qu'il tira fon épée contre le Duc d'Albe, Ambaffadeur de l'Empereur à Berlin (pag. 42.) Le bufte d'un gros moine, la Ste. Bible ouverte, la tiare du Pape renverfée, les indulgences, le calice & les hofties &c. font allufion à la réforme de l'églife, qui commença fous le régne de cet Electeur, le premier

prince de Brandebourg, qui embraſſa le luthéranisme.
Le nom de Schmidt ſe trouve dans un coin de l'eſtampe,
en bas au deſſous de la Bible.   Les épreuves avant le
nom ſont difficiles à rencontrer.

*) La vignette au commencement de la Vie de Jean
George (pag. 45.) repréſente le portrait de cet Electeur.   Il a la barbe courte & mince, & la mouſtache
aſſez forte. On lit ſur la marge d'en bas, à la gauche
de l'eſtampe; Schmidt fec.   Les épreuves avant ce
nom ſont rares.

*) Le cul-de-lampe à la fin de cette vie, (pag. 46.) re-
préſente l'Electeur partageant entre ſes deux fils cadets, Chriſtian & Erneſt, les Marggraviats de Ba-
reuth & d'Anſpach, auxquels il ſuccéda après l'ex-
tinction de ces deux maiſons.   L'aigle de Brandebourg qu'on voit au bas de cette gravure, tient
deux cartouches avec les chiffres de ces Princes. Les
premieres épreuves ſont avant ces chiffres, & très-
rares.   On lit en bas: G. F. Schmidt fec.

*) La vignette au commencement de la Vie de Joachim
Fréderic (pag. 47.) offre le portrait de cet Electeur.
Il a la barbe courte & mince, & la mouſtache grande.
On voit à la gauche du portrait le chapeau & l'épée
électorale, & à la droite, la mitre & la croſſe épis-
copale, & un livre avec l'inſcription: „Loix ſomptuaires “, faiſant alluſion à la conceſſion qu'il fit lorsqu'il parvint à la dignité électorale, de l'Archevêché
de Magdebourg, & aux loix ſomptuaires qu'il fit
publier.   On lit à la main gauche de cette vignette
à la marge d'en bas, Schmidt fec.   Les épreuves
avant ce nom ne ſe trouvent pas aiſément.

*) Le cul-de-lampe à la fin de cette Vie (pag. 50.) a
pour ſujet la ſéance d'un conſeil d'état dont ce Prince

fut le fondateur.   Le nom de Schmidt manque dans cette planche.

*) La vignette au commencement de la Vie de Jean Sigismond (pag. 51.) repréſente le portrait de cet Electeur.   Il a la barbe courte & la mouſtache aſſez grande. Le livre ouvert avec l'inſcription: „L'union,“ l'encrier & la plume, marquent la confédération que formerent alors les princes proteſtants, & dans laquelle cet Electeur fut un des premiers à entrer (p. 55.).   On lit au bas de la marge à la gauche de la vignette: Schmidt fec.   Les épreuves avant le nom ſont très-rares.

*) Le cul-de-lampe à la fin de cette Vie (pag. 62.) fait alluſion à cette union. On lit au bas de l'eſtampe: Schmidt fec. Les premieres épreuves ne portent, ni le nom de Schmidt, ni le mot: „Adminiſtration,“ ſur le livre ouvert à la gauche de l'aigle de Brandebourg.

*) La vignette au commencement de la Vie de George-Guillaume (pag 63.) offre le portrait de cet Electeur. Il porte une barbe pointue, avec une petite mouſtache; les différentes armes, la torche allumée, & une ville incendiée dans le lointain, indiquent le régne malheureux de ce Prince, pendant lequel la guerre de trente ans déſola ſes états.   On lit ſur la marge à la gauche de l'eſtampe, au bas: Schmidt fec. Les épreuves avant le nom ſont rares.

**) Le cul-de-lampe à la fin de cette Vie (pag. 108.) repréſente l'entrevue de cet Electeur avec le Roi de Suéde Guſtave-Adolphe près de Berlin (pag 82.) La diſcorde ſortant de ſon antre, tient d'une main une torche allumée, & de l'autre l'édit de reſtitution que l'Empereur Ferdinand publia (pag. 73.) Le nom de Schmidt ne ſe trouve pas ſur cette piece.

bb) La vignette au commencement de la Vie de Frédéric-Guillaume (pag. 109.) offre le portrait de cet
Electeur dans une bordure ovale, décorée de lauriers. Un grand manteau, doublé d'hermine lui
couvre le corps. Il porte une cravatte, une grande
perruque & une petite mouſtache. La Renommée
fous la figure d'un petit Génie, ténant une trompette, lui ceint la tête d'une couronne d'étoile,
ſigne de l'immortalité. Le lion couché, la maſſue
d'Hercule, l'épée, le miroir &c. ſont autant d'al-
luſions aux éminentes qualités de ce grand Prince.
Le Génie à la droite de l'eſtampe écrit l'hiſtoire de
ſes exploits. Le temple de l'immortalité ſe préſente
dans le lointain. On lit à la marge d'en bas. Ray-
mondon Effig. pinx. G. F. Schmidt inv. & ſculpſ.

cc) Le cul-de-lampe à la fin de cette Vie, (pag. 208.)
porte pour ſujet la glorieuſe expédition de l'Electeur
qui, dans le coeur de l'hyver, fit transporter en
Pruſſe un corps de ſes trouppes en traîneaux ſur la
glace du Friſchhaff, ſurprit les Suédois & les chaſſa
du pays (pag. 178. 179.). On lit les mots: „Veni,
vidi, vici.“ Sur le tour de la trompette, ſonnée
par un triton, on lit, G. F. Schmidt fec.

dd) La vignette au commencement de la Vie de Frédéric III. premier Roi de Pruſſe (Tom. II. pag. 1.),
repréſente le portrait de ce Prince en profil, couvert
de la couronne royale, ſoutenue par Minerve & décorée de guirlandes par deux Génies. On apperçoit
encore dans le lointain l'arſenal & l'obſervatoire,
que ce Roi fit bâtir à Berlin (pag. 69.), & on lit à
la marge d'en bas G. F. Schmidt inv. & ſculpſ.

ee) Le cul-de-lampe à la fin de cette Vie (pag 66.),
a pour ſujet la cérémonie de l'inſtitution de l'ordre
des chevaliers de l'aigle noir par ce Roi (pag. 27.).

Les différens inftrumens, relatifs aux fciences & aux beaux arts, font allufion à la protection dont ils jouiffoient fous le règne de ce Prince, qui fonda l'Académie des fciences de Berlin (pag. 28.). On lit à la droite de la piece tout en bas, Schmidt fec. Les épreuves avant ce nom font rares.

*) La vignette au commencement de la Vie de Frédéric-Guillaume (pag. 67.), offre fon portrait couvert de la couronne royale. Il eft en cuiraffe, décoré du cordon de l'ordre de l'aigle noir. La tête eft couverte d'une perruque en queue. Les Génies qui s'amufent avec des inftrumens militaires, indiquent l'efprit guerrier de ce Monarque (pag. 204.). On lit à la marge en bas. Pesne effig. pinx. G. F. Schmidt fculpf.

**) Le cul-de-lampe à la fin de cette Vie (pag. 176.) repréfente les Salzbourgeois fugitifs que ce Roi accueillit pour en peupler fes états. Ils arrivent en proceffion, & reçoivent des mains de la Piété perfonifiée du pain & de la protection (pag. 163.). On lit en bas, Schmidt fec. Les épreuves avant le nom font très-difficiles à trouver.

hh) Le cul-de-lampe à la fin du Tome II. (pag. 212.) fait voir les armes de Brandebourg fur un pavillon couvert de la couronne royale. Les fupports font deux fauvages. On lit au bas à la droite de la planche, Schmidt fec. Les épreuves avant ce nom, font fort recherchées. La h. eft de 3 p. 4 l. & la l. de 3 p. 11 l.

ii) Les lettres grifes A. C. F. G. I. J. L. O. & P. qu'on rencontre dans les trois Tomes de ces Mémoires font les mêmes que celles dans la grande édition in-4°. des Poëfies diverfes. Toutes ces eftampes ont été gravées pendant les années 1766 & 1767.

SECONDE PARTIE.

GRAVURES

À

L'EAU FORTE.

———

PORTRAITS
INCONNUS.

No. 110.

Le portrait d'un Oriental, vu à mi-corps. Il
eſt tourné vers la gauche de l'eſtampe, la tête
vue de face. Il porte une barbe mince avec une moustache, une peliſſe, un bonnet fourré & une chaîne d'or
au cou. Cette piece paroît être un des premiers eſſais
de Schmidt dans la gravure à l'eau-forte. En bas on
lit: Rembrandt inv. & pinx. Schmidt fec. 1735. La h.
eſt de 2 p. 9 l. & la l. de 2 p. 2 l.

No. 111.

Le buſte d'un Vieillard, vu à mi-corps, la
tête eſt couverte d'un bonnet fourré, orné d'une plume
qui penche vers la gauche de l'eſtampe & une barbe
carrée lui monte jusqu'aux temples. Le corps eſt
couvert d'un ſurtout avec une ceinture autour de la
poitrine & une cravatte ſous le menton. A la droite de
l'eſtampe, entre le bord & le bonnet on lit, G. F. Schmidt
inv. & fec. L'année n'eſt pas marquée, mais on ſait
qu'elle eſt de 1748. La h. eſt de 3 p. 8 l. & la l. de 2
p. 9 l. Les épreuves ſur du papier de la Chine ſont
très-precieuſes. On en a auſſi une copie faite par Thaenert, graveur à Leipzig.

No. 112.

Autre buſte d'un Vieillard, moins fini, avec
de ſimples tailles aſſez groſſieres, & la tête dirigée vers
la droite de l'eſtampe. Il a la mine riante, & ne porte

point de barbe. La main gauche pofée fur la poitrine, il montre avec l'index la bouche, qui eft entr'ouverte. Il porte un bonnet élevé, courbé en avant, comme les bonnets Phrygiens. Le corps eft enveloppé d'un manteau. On lit en haut, entre le bord de l'eftampe, & le bonnet, & à rebours: Rembrandt del. & plus bas à main gauche; *g* Schmidt fec. aqua forti, auffi à rebours. Le fond eft clair, à quelques tailles près derriere le dos. Sans année. La h. eft de 3 p. 5 l. & la l. de 2 p. 7 l. Les épreuves fur du papier de foie de la Chine font un bel effet & font rares. Gravé dans l'année 1748.

No. 113.

Le bufte d'une vieille Femme, vue de profil fans mains & la bouche ouverte. Elle porte fur la tête un bonnet de nuit entouré d'un mouchoir, & elle a le corps enveloppé d'un manteau. Le fond eft ombré, feulement vers le bas, en diminuant vers le haut. On lit dans le coin d'en bas vers la gauche: Rembrandt delin. G. F. Schmidt fec. Aquafort. Point d'année. La h. eft de 3 p. 8 l. & la l. de 2 p. 10 l. Il y en a des épreuves fur papier de foie de la Chine, qui font très-rares. Il exifte de cette piece une copie faite par le fils de notre artifte.

No. 114.

Le bufte d'un Oriental, gravé dans le goût de Caftiglione, vu de face & un peu penché vers la poitrine. La barbe, qui eft touffue & frifée, monte jufqu'aux temples. La tête eft couverte d'un bonnet élevé, orné en haut d'un croiffant. Le corps eft ajufté d'un manteau. Entre le bord de la planche & le bonnet on lit: G. F. Schmidt fec. 1750. & plus bas dans le coin à main gauche de l'eſtampe: dédié à Monſieur le Comte Algarotti, Chambellan de Sa Majeſté Pruſſienne, par ſon très-humble & très-obéiſſant ſerviteur Schmidt. Il n'y a point de nom de peintre. La h. eſt de 7 p. 6 l. & la l. de 5 p. 6 l. Schleuen à Berlin en a fait une copie, de l'autre ſens, de la même grandeur que l'original, excepté qu'elle à 6 lignes moins de haut, & qu'elle ne porte pas la dédicace au Comte Algarotti. On lit à gauche J. F. Schleuen ſec. 1755.

No. 115.

La tête d'un Vieillard, gravée dans le goût de Caſtiglione & couverte d'une calotte. Elle eſt repréſentée presque de profil, dirigée vers la droite de l'eſtampe, un peu penchée vers la poitrine, & ſans une grande barbe. Le corps eſt couvert d'une peliſſe, qui eſt attachée ſur la poitrine par une agraffe. Entre le bord de la planche & le bonnet, on lit: Schmidt ſec. 1750. & dans le coin d'en bas, à la gauche de la planche: Dédié à Monſieur le Baron de Knobelsdorff, Intendant des bâtimens de Sa Majeſté Pruſſienne, par ſon très-humble & très-obéiſſant ſerviteur Schmidt. Sans nom du peintre. La h. eſt de 5 p. 9 l. & la l. de 5 p. 3 l. On en a deux copies, faites à rebours; l'une par Schleuen à Berlin de la même grandeur, l'autre par Thaenert à Leipzig un peu plus étroite.

No. 116.

Le buſte d'un vieux Guerrier, dans le goût de Caſtiglione, vu de face, la barbe courte, la tête ajuſtée d'un vieux bonnet de fourrure avec une petite plume. Le corps eſt couvert d'une cuiraſſe. Entre le bord de l'eſtampe & la tête on lit: Schmidt ſec. Sans nom de peintre ni l'année, quoique la piece foit de 1750. La h. eft de 6 p. 11 l. & la l. de 5 p. 6 l. Les épreuves avant le nom du graveur font rares.

No. 117.

Le bufte d'un jeune Homme, la tête vue de face, & couverte du bonnet ordinaire dans les compofitions de Rembrandt. Le vifage eft rond & fans barbe, ayant feulement une mouftache mince. Les cheveux font courts & frifés, le corps eft enveloppé d'un manteau de fourrure & dirigé vers la gauche de l'eftampe. Dans le coin on lit: Rembrandt pinx. G. F. Schmidt fec. Aqua forti 1753. La h. eft de 4 p. 8 l. & la l. de 3 p. 7 l. Il y a de cette eftampe des épreuves tirées fur du papier de la Chine, mais elles font très-difficiles à trouver. L'on en a quatre copies, trois de la même grandeur: la premiere par Thaenert, la feconde par Nathe de Leipzig, de la même grandeur; la troifieme par Falbe de Berlin, & la quatrieme par Geyfer de Leipzig de plus petit format.

No. 118.

Le bufte d'un Homme de moyen âge, la tête nue & vue de face. Le corps eft un peu tourné vers la gauche de l'eftampe. Les cheveux font courts & épars. Il n'a point de barbe, feulement une mouftache, & porte au cou une chaîne d'or, qui lui pend fur la poitrine. On lit vers le bord gauche de l'eftampe prèfqu'en haut: Rembrandt pinx. G. F. Schmidt fec. 1754. Cette eftampe n'a pas été gravée d'après le tableau original de Rembrandt, comme il eft indiqué, mais d'après une copie d'Antoine Pesne. La h. eft de 4 p. 6 l. & la l. de 3 p. 6 l. Les épreuves tirées fur papier de la Chine, font rares. C'eft la même tête, mais un peu moins grande, que nous indiquerons fous No. 127.

No. 119.

Une vieille Femme, dite la Pouilleufe. Elle eſt vue à mi-corps & de face. Coiffée d'un bonnet, elle penche la tête vers l'épaule gauche, & demande l'aumône en tendant la main gauche. Une partie de la poitrine eſt nue, le reſte du corps eſt enveloppé de haillons. On lit tout en bas près du bord : Rembrandt pinx. Schmidt fec. 1755. La h. eſt de 4 p. 7 l. & la l. de 3 p. 6 l. On en a une copie un peu plus grande, gravée par Thaenert à Leipzig.

No. 120.

Un Vieillard habillé en Perſan. Il eſt vu debout & jusqu'aux genoux, le corps tourné vers la droite de l'eſtampe. La tête vue de face, eſt couverte d'un turban richement orné de pierreries, & d'une plume. La barbe eſt courte & friſée. Il poſe la main droite ſur une canne & tient le ceinturon de la gauche. Le corps eſt couvert d'un manteau de fourrure, qui eſt attaché ſur la poitrine par une agraffe. On lit entre la marge gauche de l'eſtampe & le turban, presque tout en haut : Rembrandt pinx. G. F. Schmidt fec. aqua forti 1756. & en bas : du cabinet du Sieur Gotzkoffsky. La h. eſt de 6 p. 2 l. & la l. de 4 p. 9 l. Les bonnes épreuves ſont avant l'indication du cabinet de Gotzkoffsky.

No. 121.

Le buſte d'un Vieillard à mouſtache, vu de profil, & dirigé vers la droite de l'eſtampe. Il a peu de barbe, mais une mouſtache aſſez forte. La tête eſt ajuſtée d'un mouchoir en forme de turban & garnie de beaucoup de cheveux qui tombent en partie ſur

le front & en partie fur les temples.   Le corps eft couvert d'une efpèce de foutane,   doublée de fourrure,
fous laquelle on voit une chaîne d'or avec une médaille, qui lui pend fur la poitrine.   On lit en bas:
Rembrandt pinx. 1635. G. F. Schmidt fec. Petrop. 1758.
La h. eft de 6 p. & la l. de 4 p. 9 l. Les épreuves tirées
fur du papier de la Chine font très - rares.

No.   122.

La tête d'un Enfant, gravée en maniere de
crayon.   Elle eft vue de profil, tournée vers la gauche,
un peu penchée du même côté.   Les cheveux font
courts & épars.   On lit en bas: Boucher delin. G. F.
Schmidt fec. Petropol. 1759.   La h. eft de 8 p. 7 l. & la
l. de 6 p. 11 l. Il y a des épreuves à la pierre noire, &
à la fanguine.   On trouve l'original de Boucher dans
la Suite publiée p · Démarteaux à Paris.

No.   123.

Le portrait d'une jeune Femme, vue à mi-
corps, & tournée vers la gauche. La tête eft ~~en profil~~,
nue, garnie de longs cheveux, qui lui defcendent fur
le dos, & qui font ornés d'un fil de perles & de dia-
mants; elle porte auffi des pendants d'oreilles de perles
& un collier pareil.   Son habillement eft une efpèce de
mantelet, doublé de fourrure à la mode des femmes du
tems de Rembrandt. Sur cet habillement elle porte deux
chaînes d'or ornées de pierres précieufes qui lui defcendent fur le fein. Elle tient un éventail de la main droite.
On lit, entre le bord gauche de l'eftampe & la tête:
Rembrandt pinx. G. F. Schmidt fec. aqua forti 1763. &
en bas: du cabinet de Monfieur le Comte Kamke.   La
h. eft de 7 p. 5 l. & la l. de 5 p. 11 l. Les épreuves fur
papier de la Chine jaunâtre ne fe trouvent pas aifement.

No. 124.

Le portrait d'un jeune Seigneur, repréſenté à mi-corps appuyant le bras gauche ſur le bord d'un mur. Le corps eſt dirigé vers la gauche de l'eſtampe. La tête, coiffée du chapeau plat de Rembrandt & vue presque de face, eſt garnie de beaucoup de cheveux qui lui couvrent les épaules. Le corps eſt enveloppé d'un manteau ouvert par devant. On lit dans le coin d'en haut, vers la gauche de l'eſtampe: Rembrandt pinx. G. F. Schmidt ſec. aqua forti 1763. & en bas: du cabinet de Monſieur le Comte de Kamke. La h. eſt de 7 p. 6 l. & la l. de 5 p. 10 l. On rencontre quelques fois des épreuves tirées ſ. r papier jaunàtre de la Chine, mais elles ſont rares.

No. 125.

Le buſte d'un Homme de moyen âge, en ovale. Le corps enveloppé d'un manteau, eſt dirigé vers la droite de l'eſtampe. La tête vue de trois quarts, eſt garnie de beaucoup de cheveux bouclés, & elle eſt couverte d'un chapeau orné de deux plumes, plus haut par devant que par derriere, dans le goût des chapeaux de Rembrandt. Il a une petite barbe au deſſus du menton, avec une mouſtache & une cravatte autour du cou. On lit entre la tête & le bord droit de l'eſtampe: G. Flinck 1637. G. F. Schmidt ſec. aqua forti 1765. La h. eſt de 7 p. 1 l. & la l. de 5 p. 6 l. Il y a de cette eſtampe des épreuves tirées ſur du papier de la Chine.

No. 126.

Une jeune Fille dans un ovale, repréſentée jusqu'aux genoux & debout, le corps dirigé vers la droite de l'eſtampe. La tête vue de trois quarts, eſt nue &

parée d'une plume blanche & de pierreries, furmontée d'un voile qui defcend en partie le long du dos, & en partie fur la manche droite de la robe. Elle porte un collier de perles, & tient dans les bras un mopfe. Il y a des ruines dans le lointain. On lit vers le bas: G. Flink pinx. G. F. Schmidt fec. 1766. Tiré du cabinet de Monfieur Céfar. La h. eft de 7 p. 2 l. & la l. de 5 p. 7 l. On en a des épreuves avant la lettre & fur du papier grifâtre, & une copie dans le fens oppofé par Griesmann à Leipzig.

No. 127.

Le bufte d'un Homme à tête nue, vu de face. Il a une très-petite barbe avec une fimple mouſtache, peu de cheveux, lesquels font courts & épars. Le corps eft couvert d'un manteau ouvert en haut & il porte au cou une chaîne, qui lui defcend fur la poitrine. On lit en bas: du cabinet de M^{sr} le Con^{ller} Trible. Rembrandt pinx. G. F. Schmidt fec. 1768. La h. eft de 5 p. 4$\frac{1}{2}$ l. & la l. de 4 p. 1 l.

No. 128.

La Juive fiancée, à mi-corps & debout, avec le corps & la tête vus de face. Elle appuye les mains fur une bordure, dans laquelle le tableau femble être monté; & elle porte deux chaînes d'or au cou & une ceinture du même métal. Elle eft coiffée d'un grand chapeau rond & plat. Une ample chevelure lui couvre les épaules. L'infcription eft: La Juive fiancée, gravée d'après le tableau original de Rembrandt, tiré du cabinet de Monfieur le Comte de Kamke, & dédié audit Seigneur par fon très-humble, & très-obéiffant ferviteur Schmidt. Rembrandt pinx. G. F. Schmidt fec. 1769. La h. eft de 8 p. 7 l. & la l. de 6 p. 9 l.

No. 129.

Le Pere de la Fiancée réglant fa dot. Il eft repréfenté à mi-corps, affis devant un bureau fur lequel il appuye le bras gauche. La tête eft vue de trois quarts & couverte d'une efpece de barette. Il porte une grande barbe carrée & touffue avec une mouftache & une chaîne d'or au cou. Il a la main droite pofée fur une table & tient une plume dans la gauche. Il eft vétu d'une efpece de foutane doublée de fourrure. On voit fur le bureau un livre de compte dans lequel eft écrit: „Pour la dot de ma fille;" ce qui a donné le nom à cette piece. L'infcription eft: Le Pere de la Fiancée réglant fa dot, d'après le tableau original de Rembrandt, tiré du cabinet de Monfieur le Comte de Kamke. Rembrandt pinx. 1641. G. F. Schmidt fec. aqua forti 1770. Comme cette eftampe fert de pendant à la Juive fiancée elle eft auffi de la même grandeur. L'on a des effais de cette piece.

No. 130.

Le portrait d'un Vieillard à grande barbe. C'eft proprement l'eftampe originale de Rembrandt, décrite par Gerfaint dans fon Catal. raifonné de l'oeuvre de ce maître, No. 239. en ces termes. „Le Portrait „d'un Vieillard à grande barbe. Sa tête eft de face & „couverte du bonnet ordinaire qui eft placé de côté: il „porte fa main gauche à fon bonnet, dans l'attitude d'un „homme qui veut faluer quelqu'un. Tout le refte n'eft „que légérement efquiffé; il eft fans nom, ni année, „& porte 5 p. 11. de h. fur 4 p. 21. de l. Il eft fâcheux „que Rembrandt n'ait point entierement fini ce Portrait, „qui auroit été fûrement un de fes plus beaux: la tête, „qui eft toute en demi-teinte, eft touchée avec un efprit „admirable." La planche originale de cette eftampe fut achetée en Hollande, il y a plufieurs années, par M. le

Confeiller Trible de Berlin & Schmidt la termina enfuite, en ajoutant le corps & quelques acceffoires d'après le deffin de le Sueur. Au commencement on a vendu ce morceau pour être de Rembrandt. On voit actuellement le Vieillard debout jusqu'aux genoux & de face. Il eft ajufté d'une longue peliffe, ouverte par devant, avec une écharpe, & il porte au cou une chaîne d'or avec une médaille. Il pofe la main droite fur une feuille de papier, placée fur une table, où l'on voit le bufte d'Homére & quelques livres. Derriere la table eft une croifée, par où le jour entre. Le fond offre un rideau & un bout de bibliothéque. Schmidt a exécuté cette piece parfaitement bien dans le goût de Rembrandt; mais comme il n'en a fait tirer qu'environ 50 épreuves, à ce qu'on dit, elles font extrémement rares & très-recherchées par les amateurs. L'eftampe ne porte ni l'année, ni le nom de l'artifte. La h. & la l. font les mêmes que celles qui fe trouvent indiquées par Gerfaint. Cette eftampe eft de l'année 1770.

No. 131.

Le bufte d'un Vieillard, tourné vers la droite de l'eftampe. La tête, qui eft couverte d'un chapeau ou d'un bonnet dans le goût de ceux de Rembrandt, eft vue de trois quarts. Il porte une grande mouftache avec une barbe très-large & très-touffue, qui s'étend jufqu'aux temples. Le corps eft enveloppé d'une large draperie brodée & doublée de fourrure. Il porte au cou, une double chaîne d'or, qui lui pend fur la poitrine. On lit en bas: G. Flinck pinx. 1642. G. F. Schmidt fec. aqua forti 1772. La h. eft de 6 p. 5 l. & la l. de 4 p. 11 l. Il y a des épreuves avant la lettre & d'autres tirées fur du papier jaunâtre de la Chine; mais elles font très-rares.

SECONDE PARTIE.

GRAVURES

A

L'EAU FORTE.

PORTRAITS
CONNUS.

La tête du Chanteur Salimbeni, dans une bordure ovale, gravée dans le goût antique. Elle est vue de profil, tournée vers la droite de l'eſtampe. Derriere elle on lit en caractères lapidaires: ΣΑΛΙΜ-ΒΕΝΟΣ & en bas ſur un marbre antique: ΜΟΥΣΑΙΣ ΑΛΓΑΡΟΤΤΟΣ. On lit ſur la marge d'en bas: G. F. Schmidt ad vivum delin. & ſculpſ. Berolini 1751. La h. eſt de 8 p. 3 l. & la l. de 6 p. 5. l.

La tête du Comte Algarotti, dans une bordure ovale, gravée dans le goût antique, & faiſant pendant avec l'eſtampe précédente. Elle eſt vue de profil, dirigée vers la gauche de l'eſtampe. Derriere la tête on lit en caractères lapidaires: ΑΛΓΑΡΟΤΤΟΣ. En bas il y a un bas-relief, repréſentant Apollon, qui joue de la lyre, & les neuf Muſes. On en a trois différentes épreuves.) Aux premieres le nom ΑΛΓΑΡΟΤΤΟΣ eſt avant les barres noires, tirées ſur les lettres & au bas G. F. Schmidt ad vivum del. & ſculp. Berolini 1752. Aux ſecondes ſe trouvent les barres noires, tirées ſur les lettres & ſans le nom du graveur, au lieu duquel on lit les vers ſuivans gravés ſur une planche ſéparée: „Haec Algarotti — inſtar erat." Les troiſiemes ſont à tous égards pareilles aux ſecondes, excepté que la planche a été rognée, ſans que l'ouvrage des eaux fortes ût ſouffert. L'on a employé pour les ornemens une planche ſéparée, au bas de laquelle ſe trouvent les vers Italiens: „Mira del Algarotti — d'ogni poema" qui ſont une traduction libre des vers latins en queſtion. La h. eſt de 8 p. & la l. de 6 p. 5 l.

No. 134.

Le portrait de Schmidt, gravé dans la maniere de Rembrandt. Il eſt vu de face, aſſis devant une table & deſſinant ſur une feuille de papier avec un porte-crayon, qu'il tient de la main droite. Il eſt en robe-de-chambre & à la tête couverte d'un grand bonnet qui penche vers l'épaule droite. On lit entre le bord gauche de l'eſtampe & le bonnet, mais à rebours : G. F. Schmidt ſe ipſe fecit aqua forti 1752. & à la marge d'en bas. G. F. Schmidt ſe ipſe fecit. La h. eſt de 7 p. 8 l. & la l. de 6 p. 4 l. Il y a des épreuves ſur du papier de la Chine, mais elles ſont très-rares. Il exiſte une copie faite à contre-partie. Elle eſt beaucoup plus petite que l'original, & les mains y manquent. L'inſcription eſt: George Friderich Schmidt, Königl. Preuſſ. Hoff-Kupfer-ſtecher, Mitglied der Maler-Academien zu Berlin und Paris. G. F. Schmidt delin. 1752. F. Kaucke fecit aqua forti.

No. 135.

Le portrait de Me Schmidt en Couſeuſe. Elle eſt vue aſſiſe & tournée vers la droite de l'eſtampe. Elle eſt en négligé, & elle a la tête couverte d'un bonnet noué par un ruban ſous le menton. On lit en haut vers la main gauche de la planche: Schmidt fec. ad vivum 1753. La h. eſt de 4 p. 5 l. & la l. de 3 p. 6 l.

No. 136.

Le buſte de Me Schmidt, vu de profil & tourné vers la gauche de l'eſtampe. Elle a la tête nue & les cheveux friſés. On lit ſur le bord d'en bas: G. F. Schmidt fec. Sans l'année qui eſt 1753. La h. eſt de 3 p. 9 l. & la l. de 2 p. 11 l. Les épreuves ſur du papier de la Chine, ſont rares, de même que les eſſais.

No. 137.

Le Prince de Gueldre ménaçant son pere emprisonné. Le Prince debout & vu jusqu'aux genoux, est à la porte de la prison. Le visage contracté par la colere, il ménace de la main gauche son malheureux pere, regardant par un petit volet qu'il tient ouvert. On lit sur une base au dessous de la tête du pere, mais à rebours: Rembrandt sec. 1635. & au bas: Rembrandt pinx. 1635. G. F. Schmidt sec. 1756. Le tableau original est dans la galerie de Sa Majesté Prussienne. La h. est de 9 p. 1 l. & la l. de 7 p. 4 l. Il y a des épreuves sur du papier de la Chine, mais elles sont rares. Ce même tableau, qui est de 5 pieds de hauteur, & de 4 pieds de largeur, a été aussi gravé par Daniel Berger, fils, l'an 1767. mais dans cette estampe les figures sont disposées comme sur le tableau, & dans le sens opposé de l'estampe, gravée par notre artiste. Nous n'en faisons mention, que parce que Schmidt n'a point rendu les deux Négres qui sont derriere le Prince, dans l'original & dans l'estampe de Berger.

No. 138.

Le portrait du D. Lieberkühn, habile Médecin à Berlin, gravé dans le goût de Castiglione & d'après son propre dessin. Hygie & les autres accessoires qui entourent le portrait, sont dessinés par le Sueur. Le dessin original se trouve dans la collection de M. le Recteur Meil le cadet à Berlin. Nous n'avons pas cru pouvoir faire une meilleure description de cette estampe, la plus rare de celles que Schmidt a gravées à l'eau-forte, qu'en traduisant en extrait la description donnée par M. le D. Möhsen célèbre Médecin à Berlin, dans son livre intitulé: Verzeichniß einer Sammlung von Bildnissen größtentheils berühmter Aerzte; à Berlin 1771. in-4°. p. 31.

„L'amitié & l'habileté du célèbre Schmidt ont concouru
„à l'envi, pour conſerver la mémoire de cet homme de
„mérite; mais j'apprends que peu de tems après l'im-
„preſſion la planche a été détruite *) par un accident,
„lorſqu'on en eut tiré une cinquantaine d'épreuves, qui
„ont été diſtribuées parmi les plus intimes amis de feu
„M. Lieberkühn; par conſéquent il n'y a point de
„doute, qu'à l'avenir cette eſtampe ne devienne extrê-
„mement rare comme elle l'eſt déja.   Pour faire plai-
„ſir aux amateurs des eſtampes, gravées à l'eau-forte
„dans la maniere de Rembrandt, par Schmidt, j'ajou-
„terai une courte deſcription de cette piece rare, gravée
„avec eſprit dans la maniere de Caſtiglione.   Elle eſt
„décorée de différentes allégories, qui font alluſion aux
„qualités & aux talens de cet homme célèbre.   Le loin-
„tain repréſente les murs du temple de la Gloire aux-
„quels ſont appendus, d'un côté les médaillons d'Hip-
„pocrate & de Galien,   de l'autre celui de Boerhave.
„La Médecine poſe le portrait très-reſſemblant du dé-
„funt ſur les marches du temple, pour le placer entre
„Hippocrate & Galien,   où l'on apperçoit une place en-
„core vide.   Le portrait eſt vu de face; à ſa gauche,
„près de la marge on lit: D. J. N. Lieberkühn.   La
„Médecine eſt repréſentée par une jeune femme de
„moyen âge, ajuſtée d'une large draperie ſans manches,

*) Nous oſons douter de cette aſſertion de M. Möhſen, d'a-
près la connoiſſance que nous avons, que la planche ſe
trouve encore entre les mains des héritiers de Schmidt, qui
continuent d'en diſtribuer des épreuves médiocres. Il eſt
vrai, que du vivant de l'artiſte les épreuves étoient extrê-
mement rares, parce qu'il falloit être de ſes grands amis
pour en avoir & qu'il ſe faiſoit payer juſqu'à 3 Louis, ſous
prétexte que la planche étoit perdue; avis aux amateurs
des premieres épreuves, de ne rechercher que celles qui
ſont avant la lettre, où il n'y a point de D. avant le nom
J. N. Lieberkühn.

„ comme étoit la déeffe de la Santé Hygie à Corinthe ou
„ à Syeione.   Jusqu'au front la tête eft couverte d'un
„ voile & couronnée de lauriers. La Médecine tient dans
„ la main droite le bàton d'Efculape & de la gauche le
„ portrait avec quelques plantes médicinales. On voit auffi
„ derriere le portrait un peu à côté, un aloès. Derriere
„ la Médecine s'éleve une pyramide, fymbole de l'im-
„ mortalité, devant laquelle on voit le coq d'Efculape,
„ qui fait allufion à l'attention, & à la vigilance, deux
„ qualités que le défunt poffédoit en un éminent degré.
„ Un microfcope compofé, une machine pour l'anato-
„ mie des grenouilles, une lampe antique mife fur
„ quelques livres &c. font allufion aux heureufes inven-
„ tions de Lieberkühn dans l'optique, & dans l'hiftoire
„ naturelle, ainfi qu'à fes veilles & à fes études infati-
„ gables.   L'infcription eft: Belohnung der Tugend.
„ $\mathcal{F}$ . . . fec. aqua forti 1757." La h. eft de 9 p. 10 l. &
la l. de 7 p. 3. l.   Il y a des épreuves tirées fur du papier de la Chine, mais elles font rares.

<h3 align="center">No.   139.</h3>

Le Patriarche Jacob, repréfenté par un vieillard vénérable avec une barbe longue & touffue.   Il eft
vu presque de profil, ayant le corps, qui eft ajufté
d'un manteau, & la tête qui eft nue, dirigés vers la
droite de l'eftampe.   Entre le front du vieillard & la
marge gauche de l'eftampe on lit: Rembrandt pinx. G.
F. Schmidt fec. 1757.   L'infcription en bas eft: Abbil-
dung des Jacobs, aus der Sammlung des Herrn Cefars,
Geh. Secretaire bey Ihro Königl. Hoheit dem Prinz
Heinrich, Wohnhafft unter den Linden in Anderfchfon
Haufs.   La h. eft de 4 p. 6 l. & la l. de 3 p. 8 l.   Il y a
des épreuves tirées fur du papier de la Chine ainfi qu'à
la fanguine, fans infcription; elles font toutes deux très-

rares, furtout les dernieres, & les feules dans ce goût parmi fes eaux fortes. M. Griesman, éleve de M. Baufe à Leipzig, en a donné une copie de la même grandeur, mais dans le fens oppofé.

No. 140.

Le portrait de Mlle Clairon, dans une bordure ovale. Repréfentée en bufte & dirigée de profil vers la droite, elle eft habillée en Sultane, & elle a les cheveux ornés d'un croiffant de perles & d'un voile, qui lui tombe fur le dos. En bas on lit l'infcription fuivante: Mademoifelle Clairon, célèbre Actrice de la Comédie françoife, dédié à fon Excellence, Monfieur le Chambellan Ivan Ivanowitfch Schuwalow, Curateur de l'Univerfité & de l'Académie des arts de Mofcow, par fon très-humble & très-obéiffant Serviteur Schmidt * * *. deffiné par Cochin le fils, & gravé à l'eau-forte par Schmidt * *. La h. eft de 6 p. 3 l. & la l. de 4 p. 11 l. Le deffin original fe trouve dans la collection de M. Crayen à Leipzig. Ce portrait, foible d'effet, a été gravé vers 1757 ou 1758. On en a une copie un peu plus petite, gravée par D. Berger à Berlin.

No. 141.

Le portrait de Schmidt avec l'araignée. Il eft repréfenté affis devant un bureau deffinant fon propre portrait. Par le gefte qu'il fait de la main gauche, il femble fe regarder dans un miroir, qui n'eft cependant pas vifible. Il eft en robe de chambre, la tête couverte d'un chapeau. A côté du bureau on voit une bouteille avec un verre à vin & derriere lui un violon, une épée avec le ceinturon, & un thermomètre. A la fenêtre ouverte il y a une araignée dans fa toile. L'infcription eft: George Friderich Schmidt, fe ipfe fecit aqua forti. Petropol. 1758. La h. eft de 8 p. 7 l. & la

l. de 6 p. 3 l. La copie faite par M. Wagner, se trouve à la tête de cet ouvrage.

No. 142.

Le portrait de M⁰ Schmidt. Elle est vue assise en négligé devant une table, lisant dans un livre qui porte pour titre: Oeuvres du philosophe de Sans-souci. Epitre XVIII. au Maréchal de Keith. Elle paroît faire des réfléxions sur sa lecture, ce qui est marqué par le geste qu'elle fait de la main gauche. On lit sur une étiquette, qui pend hors du livre: Peint & gravé par Schmidt. L'inscription est: Dorothée Louise Viedebandt, Femme de George-Fréderic Schmidt, graveur du Roi & membre de l'Académie Royale de Peinture & Sculpture de Paris; à St. Petersbourg, en 1761. La h. est de 8 p. 9 l. & la l. de 6 p. 8 l. Nous avons une contre-épreuve de cette estampe tirée sur du papier de la Chine.

No. 143.

Le buste de J. J. de Schouwalow, dans une bordure ovale. Il est vu de profil, dirigé vers la gauche de l'estampe, & décoré de l'ordre de l'aigle blanc. Il porte les cheveux noués par derriere avec un ruban. On lit dans la bordure: J. de Schouwalow, Lieutenant-Général, Chambellan de S. M. I^{le} de toutes les Russies, Chef du noble Corps des Cadets, Chevalier de plusieurs ordres &c. & en bas: De Schouwalow — à son Bienfaiteur J. J. Schouwalow par son très-humble & très-obéissant Serviteur G. F. Schmidt en 1762. La h. est de 7 p. 9 l. & la l. de 6 p. Ce portrait est très-rare. Il y a aussi des épreuves tirées sur papier jaunâtre de la Chine, & des essais avant les vers & l'inscription dans la bordure.

No. 144.

Le portrait du Juif Hirfch Michel. Ce vénérable vieillard eft repréfenté debout jufqu'aux genoux, ayant le corps dirigé vers la droite de l'eftampe. La tête couverte d'un haut bonnet de fourrure, eft vue un peu plus que de profil. La barbe touffue & frifée, lui monte jufqu'aux oreilles. Il éft vêtu d'une robe de chambre doublée de fourrure, avec les mains jointes fur le ventre. On lit entre le bord gauche de l'eftampe & la tête: G. F. Schmidt ad vivum faciebat. Berolin. 1762. & en bas: Hirfch Michel præfentirt an Ifaac Onis durch Aaron Monceca. La h. eft de 6 p. 4 l. & la l. de 4 p. 9 l. L'idée de cette eftampe a été une plaifanterie que Schmidt a voulu faire au Marquis d'Argens à l'occafion de fes Lettres Juives. Il y a des épreuves tirées fur papier jaunâtre de la Chine, mais on ne les rencontre que rarement.

No. 145.

La Mere de Rembrandt. On voit une vieille femme décrépite, à mi-corps, dirigée vers la droite de l'eftampe, la tête vue un peu plus que de profil, Elle a les yeux baiffés, la bouche à demi-ouverte & les mains jointes. Elle eft couverte d'un manteau de fourrure, ayant un capuchon qui lui couvre la tête. L'infcription eft: la Mere de Rembrandt, du cabinet du Sieur Godskoffsky. Rembrandt pinx. G. F. Schmidt feo. Berolini 1762. La h. eft de 6 p. 3 l. & la l. de 4 p. 7 l. On en a des épreuves fur papier jaunâtre de la Chine & une copie de la même grandeur dans le fens oppofé par J. J. Wagner, éleve de M. Baufe à Leipzig.

No. 146.

La tête de Me Karich à l'antique dans une bordure ovale. Elle eft vue de profil & dirigée vers la droite de l'estampe. On lit en bas: Anna Louisa Dürrbach. G. F. Schmidt fecit aqua forti 1763. A côté de l'inscription on voit la lyre avec une couronne de lauriers. Ce morceau a été placé à la tête de ses Auserlesene Gedichte; à Berlin, chez Winter, in-8°. 1764. La h. est de 5 p. 8 l. & la l. de 3 p. 6 l. Il s'en trouve encore une copie de la même grandeur dans le même sens, faite par Schleuen.

No. 147.

Le portrait d'une Dame appellée la Princesse d'Orange. Elle est représentée à mi-corps, dirigée vers la droite de l'estampe, & le visage vu de trois quarts. La tête nue est garnie de longs cheveux qui tombent sur le dos. Le voile, qui est attaché aux cheveux par un rang de perles, flotte sur les épaules. Le corps est enveloppé d'un manteau, attaché sur la poitrine par une agraffe. La chemise, qui est fermée sous le menton, lui couvre toute la gorge. On lit à la droite de l'estampe en haut: Rembrandt pinx. G. F. Schmidt fec. 1767. La h. est de 7 p. 2 l. & la l. de 5 p. 11 l.

No. 148.

Le portrait du Jouaillier Dinglinger de Dresde, en ovale. La tête vue de trois quarts, est tournée vers la droite de l'estampe, & couverte d'un grand bonnet de fourrure, & le corps, qui se présente de face, est vêtu d'une robe de chambre doublée de peliffe. On lit en bas: Dinglinger. Ant. Pesne pinx. G. F. Schmidt fec. 1769. Du cabinet de Msgr. le Prince Henri. La h. est de 5 p. 9 l. & la l. de 4 p. L'on en trouve une copie de la même grandeur dans le sens opposé par J. J. Wagner.

No. 149.

Le portrait du Dr. Moehfen, en bufte avec une bordure ronde, autour de laquelle on lit : J. C. V. Moehfen. M. D. Coll. Med. fuper. Boruff. R. Coll. Sanit. &c. N. C. Membr. Il eft tourné vers la droite de l'eſtampe. La tête eſt vue de trois quarts. On voit fur le devant deux petits Génies, dont l'un, caractériſé par le porte-crayon qu'il tient, figure l. Génie du deſſin, l'autre par le bâton d'Efculape entortillé d'un ferpent, celui de la Médecine, & ils s'amufent à regarder une eftampe. Il y a des livres, une lampe antique, des médailles &c. L'enſemble fait alluſion aux connoiſſances médicales de ce favant, & à fon amour pour les beaux arts, amour qu'il a manifeſté par deux collections de portraits de Médecins, & de médailles frappées à leur honneur, & encore par des livres qu'il a écrit fur ces fujets. L'inſcription eſt : Amicorum opus. G. F. Schmidt pinx. Berolini 1763. F. Rode & J. C. Krüger fc. G. F. Schmidt perfec. 1771. Le portrait eſt gravé par Krüger & terminé par Schmidt. Les ornemens allégoriques font gravés à l'eau-forte par F. Rode. La h. eſt de 7 p. & la l. de 5 p. 4 l. Il y a des épreuves avant la lettre & avant l'inſcription dans la bordure, mais elles font bien rares. Au fujet de ce portrait, nous ferons obferver aux amateurs, que c'eſt la feule eftampe que notre artiſte ait fait d'après une peinture par lui même.

No. 150.

Le portrait d'un jeune Homme, peut-être de Rembrandt. Il eſt repréſenté à mi-corps, tourné vers la droite de l'eftampe. La tête eſt vue de face, & couverte du bonnet plat qui eſt affez commun dans fes tableaux, & qui eſt mis un peu de travers. Les cheveux lui couvrent le front & les oreilles ; il ne porte

ni barbe, ni mouftache.   La poitrine eft couverte d'un
hauffe-col, fur lequel pend une chaîne d'or.   Une efpèce de camifole étroite lui couvre le corps & une longue
draperie lui defcend fur l'épaule droite. Entre la marge
gauche & le bonnet eft écrit : Rembrandt pinx. 1634. G. F.
Schmidt 1771. fec. aqua forti.   L'infcription eft : Le
tableau original eft à Florence dans la collection de M. le
Marquis Gerini. La b. eft de 5 p. 9 l. & la l. de 4 p. 8 l.
On rencontre des épreuves tirées fur du papier jaunâtre
de la Chine, mais elles font très-rares.

No. 151.

Le portrait de Rembrandt dans fon mo-
yen âge. Il eft repréfenté à mi-corps, tourné vers
la main gauche de l'eftampe.   La tête penchée vers l'é-
paule droite & couverte du chapeau ordinaire de Rembrandt, eft vue presque de face.   On voit peu de cheveux, excepté une petite touffe qui lui couvre la tempe
gauche.   Il eft fans barbe, ayant feulement une petite mouftache.   Il porte une vefte fur laquelle il a une
large robe doublée de fourrure, ouverte par devant,
avec un mouchoir autour du cou.   Un ruban avec une
médaille lui pend fur la poitrine. On lit entre la marge
gauche & le chapeau : Rembrandt fe ipfum pinx G. F.
Schmidt fec. aqua forti 1771.   L'infcription eft: Dédié
à Monfieur B. N. le Sueur, par fon ami Schmidt.
Comme ce portrait fait pendant avec le précédent, il
eft de la même grandeur. Les épreuves, tirées fur
papier jaunâtre de la Chine, font très-rares, de même
que celles avant la dédicace, & les effais & les contre-
épreuves.

No. 152.

Le Prince d'Orange, Guillaume fecond,
à qui Cats explique un trait de l'hiftoire de fes ancêtres.

Le jeune Prince eſt vu de profil, aſſis vis · à · vis d'une table, ſur laquelle il y a un grand livre ouvert. Il eſt habillé d'une robe large avec une ceinture. La tête eſt couverte d'une couronne de lauriers. Le vieux Cats eſt aſſis derriere ſon éleve, dans l'attitude d'un homme qui inſtruit. Il eſt vu de profil, habillé d'une robe large de fourrure. Il porte au cou une chaîne d'or avec une grande médaille. La tête eſt couverte d'une calotte. Il a une grande mouſtache avec une courte barbe. On lit en bas: Le Prince d'Orange — ancêtres. G. Flink fec. G. F. Schmidt fec. aqua forti 1772. Du cabinet de M. le Directeur Ceſar. La h. eſt de 9 p. 3 L. & la L. de 7 p. 2 L. Il y a différentes épreuves de cette eſtampe. 1) des épreuves avec la lettre ſur du papier jaunàtre de la Chine. 2) des épreuves avant la lettre portant ſeulement les noms des artiſtes, & 3) des eſſais, avant que la planche ait été terminée. Toutes trois ſe trouvent difficilement,

No. 153.

Une vieille femme, appellée communement la Mere de Rembrandt. On voit une vieille à demi-corps, vue preſque de face, & habillée d'une eſpece de manteau de fourrure, avec un capuchon ſur la tête. Elle eſt aſſiſe devant une table, couverte d'un tapis, d'un grand livre ouvert, d'une écritoire, d'un chande-lier &c. Elle eſt tournée vers la gauche de l'eſtampe, & a la tête appuyée ſur la main droite, en poſant ſur le livre la main gauche, dans laquelle elle tient des lunet-tes. On lit en bas: Rembrandt pinx. G. F. Schmidt fec. aqua forti 1774. Du cabinet du peintre Clume. La h. eſt de 7 p. 11 l. & la . de 6 p. 9 l. Les épreuves ſur du papier jaunàtre de la Chine ſont rares.

GRAVURES

À

L'EAU FORTE.

SUJETS
HISTORIQUES, ET ESTAMPES
POUR LIVRES.

No. 154.

Le premier essai d'un Paysage, que notre artiste, peu content de l'effet, a laissé imparfait. Par cette raison les traits en sont si foibles qu'on a de la peine à distinguer, à la droite de l'estampe, une maison avec deux cheminées fumantes, & dans un mur une grande porte, par laquelle passe un homme. A la gauche de la porte il y a une autre figure d'homme, qui s'appuye sur quelques parties du mur. On voit encore devant la porte trois autres figures d'hommes dont l'une dirige ses pas vers la porte. A main gauche on apperçoit une riviere & quelques arbres. Sans noms des artistes & sans année. La h. est de 3 p. 10 L. & la L. de 4 p. 7 L.

No. 155.

Trois grands Cartouches, pour les trois plans de la bataille de Sohr. Le cartouche pour le premier plan est composé de drapeaux, d'un canon, d'un fusil, & d'une torche allumée. Celui pour le second renferme un drapeau & en bas un canon, un obusier &c. Celui pour le troisième, est composé de deux étendards, de deux canons, d'un baril à poudre &c. Tous les trois plans sont à peu près de la même grandeur, savoir de 17 p. de h. sur 20 p. de l.

No. 156.

Le Cartouche pour le plan de la bataille de Kesselsdorf. On y voit, outre un canon, des

drapeaux, des étendarts, &c. un chat, — symbole
de la fanſſeté, — battant le tambour. La h. eſt de
19. p. & la l. de 23 p. 10. l.   Il n'y a que les cartouches
des trois plans de la bataille de Sohr & de Keſſelsdorf,
qui ſoient gravés par G. F. Schmidt, ſans l'indication de
ſon nom ni de l'année; tout le reſte eſt exécuté par
le graveur nommé le petit Schmidt.

No. 157.

Deux différentes feuilles de Polichinel-
les, faiſant pendants.   L'une repréſente trois polichinelles autour d'un pot de macaroni.   L'un en prend
avec une fourchette, & met la main gauche ſur la boſſe
de ſon voiſin, qui eſt ſpectateur, le troiſième, aſſis auprès d'un tronc d'arbre, eſt endormi.   On lit en haut
vers la gauche de l'eſtampe: Tiepolo del. & dans
le coin du même côté de l'eſtampe ſ. ſec. aqua forti
1751.   L'autre repréſente cinq polichinelles occupés autour d'un chaudron auprès du feu pour préparer quelque
mets, probablement la polenta, mets favori des Italiens.
L'un remue la pâte avec un gros bâton, le ſecond
ſouffle deſſus, le troiſième accroupi derriere le chaudron, regarde, le quatrieme le dos tourné, lâche de
l'eau, & le cinquieme, à la porte d'une cabane, regarde avec un rire moqueur.   On lit vers le bord gauche de l'eſtampe, & au milieu: Tiepolo del. & en bas
vers la main droite de l'eſtampe: Schmidt fec. aqua
forti 1751.   La h. de ces deux pieces eſt de 8 p. & la l. de
8 p. 8 l.

No. 158.

Deux Vignettes pour le livre intitulé: Johann
Joachim Quantzens Verſuch einer Anweiſung die
Floete traverſiere zu ſpielen. 4. Berlin, bei Johann

Friedrich Voß 1752. La premiere de ces deux vignettes (pag. 1.), repréſente trois forgerons, qui battent le fer; le bruit qu'ils font, donne à un philoſophe, aſſis auprès d'une table, la premiere idée de la muſique. On lit en haut la deviſe: Principium Muſicum. La h. eſt de 3 p. 7 l. & la l. de 4 p. 7 l. L'on rencontre, quoique rarement, de belles épreuves de cette vignette avant la deviſe. La ſeconde (pag. 334.), repréſente un concert compoſé de ſept muſiciens. La deviſe d'en haut eſt: Executio Anima Compoſitionis. La h. eſt de 3 p. 5 l. & la l. de 4 p. 2 l. On lit ſur l'une & l'autre, en bas, & vers la main gauche de l'eſtampe: G. F. Schmidt fec. Ces deux vignettes ont été gravées en 1752.

No. 159.

Notre Seigneur préſenté au peuple. Il s'offre nu au milieu de l'eſtampe & il eſt aſſis ſur une groſſe pierre. Couronné d'épines, il tient dans ſes mains un roſeau que lui préſente un prêtre juif, qui eſt à genoux devant lui. Derriere lui on voit Pilate avec deux ſoldats, dont l'un donne des coups de poing au Chriſt. On lit en bas; Rembrandt pinx. G. F. Schmidt ſec. 1756. La h. eſt de 6 p. 4 l. & la l. de 5 p. 2 l. Les épreuves ſur du papier de la Chine ſont de toute beauté.

No. 160.

Deux Payſans flamands, gravés dans le goût de Corn. Viſſcher. Ils ſont aſſis auprès d'une table. L'un verſe un verre de biere, l'autre allume ſa pipe. On lit en bas: A. Oſtade pinx. 1667. G. F. Schmidt ſec. Aqua forti 1757. La h. eſt de 10 p. 8 l. & la l. de 7 p. 10 l. Cette eſtampe n'a aucune inſcription: les amateurs ne doivent donc pas ſe perſuader qu'ils ont des épreuves avant la lettre.

No. 161.

Les vignettes, culs-de-lampes & lettres grifes *), pour la superbe édition in-4°. des Poëfies diverfes, imprimée 1760. à Berlin, chez C. F. Vofs.

*) Le cul-de-lampe à la fin de la Préface, eft compofé d'un livre ouvert, d'un caducée, d'une marotte, d'une trompette &c. La h. eft de 2 p. 1 l. & la L. de 3 p. 10 l.

b) La vignette (pag. 1.), au commencement des Odes, repréfente Apollon, jouant de la lyre, & les neuf Mufes. La h. eft de 3 p. 2 l. & la l. de 5 p. 7 l.

c) Le cul-de-lampe (pag. 12.) à la fin de l'Ode premier repréfente un livre ouvert dont les feuilles font déchirées, quelques flèches, & un ferpent; le tout faifant allufion à la calomnie. La h. eft de 1 p. 11 l. & la L. de 3 p. 1 l.

d) Le cul-de-lampe (pag. 16.), à la fin de l'Ode feconde, eft compofé de trois Génies volans qui ornent de guirlandes une lyre, un des Génies fonne de la trompette. La h. eft de 2 p. 6 l. & la l. de 3 p. 3 l.

e) Le cul-de-lampe (pag. 23.) à la fin de l'Ode troifieme. Apollon jouant de la lyre. La h. eft de 2 p. 4 l. & la l. de 3 p. 10 l.

f) Le cul-de-lampe (pag. 31.) à la fin de l'Ode quatrieme, offre la tête de Phoebus, une lyre & une trompette. La h. eft de 2 p. 1 l. & la l. de 3 p. 11 l.

g) Le cul-de-lampe (pag. 37.) à la fin de l'Ode cinquieme. Un cigne, emblême de la poëfie, couronné de fleurs par deux Génies. La h. eft de 2 p. 6 l. & la l. de 3 p. 3 l.

*) Le frontifpice & la vignette du titre font gravés par Mr. J. G. Meil le cadet à Berlin.

k) Le cul-de-lampe (pag. 42.) à la fin de l'Ode sixieme.
Un livre ouvert, une musette & une flûte de Pan.
La h. est de 2 p. 5 l. & la l. de 4 p. 1 l.

l) Le cul-de-lampe (pag. 50.) à la fin de l'Ode septieme.
Un chapeau pastoral, une panetiere de berger, un
carquois plein de flèches, & un arc. La h. est de 1 p.
8 l. & la l. de 3 p. 10 l.

k) Le cul-de-lampe (pag. 55.) à la fin de l'Ode huitieme.
Un paysage suisse, représentant des cataractes. La
h. est de 4 p. 3 l. & la l. de 3 p. 4 l.

l) Le cul-de-lampe (pag. 67.) à la fin de l'Ode dixieme.
Un satyre, tenant une flèche en arrêt. La h. est de
2 p. 5 l. & la l. de 2 p. 10. l.

m) Le cul-de-lampe (pag. 72.) à la fin de l'Ode on-
zieme. Un berger & une bergere auprès d'un boccage. La h. est de 3 p. 7 l. & la l. de 4 p. 2 l.

n) Le cul-de-lampe (pag. 78.) à la fin de la Paraphrase
de l'Eccléfiaste. Le même que pag. 23.

o) La vignette (pag. 81.) au commencement des Epîtres.
L'augufte poëte, assis auprès d'une table & écrivant,
regarde la Vérité, que deux Génies tâchent de dé-
voiler. On voit encore une bibliothéque, une machine pneumatique &c. La h. est de 3 p. 11. & la l.
de 5 p. 7 l.

p) Le cul-de-lampe (pag. 91.) à la fin de l'Epître premiere. Le même que pag. 31.

q) Le cul-de-lampe (pag. 136.) à la fin de l'Epître quatrieme. Deux branches de palmes, un caducée & une
trompette. La h. est de 1 p. & la l. de 3 p. 10 l.

r) Le cul-de-lampe (pag. 246.) à la fin de l'Epître
douzieme. Quatre Génies dans une forge, forgeant
des flèches. La h. est de 3 p. 3 l. & la l. de 4 p. 2 l.

*) Le cul-de-lampe (pag. 268.) à la fin de l'Epître quatorzieme. Une bergere & un berger affis auprès d'une fontaine. Celui-ci joue de la mufette. La h. eft de 3 p. 2 l. & la l. de 4 p. 3 l.

*) Le cul-de-lampe (pag. 278.) à la fin de l'Epître quinzieme. Trois Genies, dont un fonne de la trompette & les deux autres portent une marotte. La h. eft de 3 p. 3 l. & la l. de 4 p. 3 l.

*) Le cul-de-lampe (pag. 318.) à la fin de l'Epître dixhuitieme. Trois Génies, dont l'un épouvante les deux autres avec un masque. La h. eft de 3 p. 3 l. & la l. de 4 p. 3 l.

*) Le cul-de-lampe (pag. 348.) à la fin de l'Epître vingtieme. Un jeune Satyre effayant la pointe d'une flèche qu'il vient d'aiguifer. La h. eft de 1 p. 10 l. & la l. de 2 p. 9 l.

Comme le Poëme de l'art de la guerre eft divifé en 6 chants, il y a auffi 6 vignettes pour le commencement, & autant de culs-de-lampes pour la fin de chaque chant. Voici les fujets.

*) La vignette pour le Chant Ier (pag. 351.). Le Héros pruffien couronné de lauriers par un Génie.

*) Le cul-de-lampe (pag. 366.). Le Héros pruffien, armé par Bellone pour aller à la guerre, reçoit l'écharpe d'un Génie.

*) La vignette pour le Chant II^d (pag. 367.). La Difcorde allume le feu de la guerre, & on voit au loin des troupes qui défilent.

*) Le cul-de-lampe (pag. 382.). Des Génies dans une forge, occupés à forger des armes, dans le lointain on voit forer des canons.

?) La vignette pour le Chant IIIeme (p. 383.). Le Héros prussien eſt conduit par Bellone & par la Victoire au temple de la Gloire, pendant que Pallas le couvre de ſon égide contre l'Envie, le Meurtre & la Mort.

ſ) Le cul-de-lampe (pag. 396.). Le Héros projette le plan pour la campagne.

t) La vignette pour le Chant IVeme (p. 397.). Une place aſſiégée. On voit des trouppes, montant la tranchée.

u) Le cul-de-lampe (pag. 412.). Bellone montre au Héros le plan de la place attaquée.

x) La vignette pour le Chant Veme (pag. 413.). Marche des troupes dans les quartiers d'hyver.

y) Le cul-de-lampe (pag. 426.). Le délaſſement de l'officier au ſein de ſa famille.

z) La vignette pour le Chant VIeme (p. 427.). Une bataille. On amene quelques priſonniers de guerre.

aa) Le cul-de-lampe (pag. 444.). L'apothéoſe du Héros.

Les letttres griſes ſont: A. B. C. D. E. F. H. I. J. L. N. O. P. Q. S. T. V. La dimenſion de ces 6 vignettes, qui ſont toutes à peu près de la même grandeur, eſt de 3 p. 3 à 4 l. & la l. de 5 p. 3 à 4 l. & celle des 6 culs-de-lampes, qui ſont auſſi tous à peu près de la même grandeur, eſt de 3 p. 11 l. à 4 p. & la l. de 4 p. 4 à 5 l. Les lettres griſes ſont de 13 l. en carré. Toutes ces vignettes, culs-de-lampes, & lettres griſes ſont gravées par Schmidt, dont le nom ſe trouve ſur chacune, excepté ſur l'apothéoſe du Héros, qui eſt ſans nom, d'après les deſſins de feu M. le Sueur. Ces vignettes ſont de l'année 1757.

No. 162.

Le fameux Satyre avec la chévre, dans une bordure ronde, ornée de pampres. Le ſujet, qui

eſt obſcène, repréſente un Faunc à génoux, avec une
chévre.   Voyez ce qu'en dit Winkelmann dans ſa lettre au Comte Henri de Bruhl ſur les découvertes d'Her-
culanum *) in-4°. à Dresde, chez Walther 1762.
pag. 34.   „Cet ouvrage en marbre“, ajoute Winkelmann, „eſt environ de la grandeur de trois palmes ro-
„mains.   Immédiatement après ſa découverte, il fut
„envoyé avec précaution au Roi à Caſerta, d'où il fut
„renvoyé de même & confié à la garde de M. Joſeph
„Canaut, ſculpteur à Portici, avec l'ordre poſitif de ne
„le montrer à perſonne ſans une permiſſion ſignée du
„Roi.   Par conſéquent c'eſt à tort que quelques An-
„glois ſe vantent de l'avoir vu.“ Voici l'hiſtoire de cette
eſtampe.   Un Prince de l'Allemagne ſeptentrionale,
ſe trouvant au Muſeum Royal de Portici, ſut ſi bien
détourner l'attention de l'inſpecteur, qu'une perſonne
de ſa ſuite eut le tems de prendre une copie au crayon
de cette piece. De retour il la fit graver; mais il n'en
fit tirer qu'environ douze exemplaires, la plupart ſur
papier cendré ſans inſcription & ſans aucun fond. La
planche enſuite fut détruite.   Le petit nombre d'épreuves fut diſtribué entre des perſonnes de diſtinction
auxquelles le Prince en fit préſent. Schmidt ayant eu
occaſion de voir cette eſtampe, la copia avec toute l'exactitude poſſible, il ajouta une poliſſonnerie de la part
du Satyre, & l'inſcription ſuivante: Il famoſo Satyro
colla capra, Gruppo di Bronzo **) trovato nelle rovine
d'Hercolano, che ſi conſerva nel Muſeo Reale di Portici.

---

*) Il en a paru une traduction françoiſe par M. Huber chez Til-
liard, libraire, quai des Auguſtins, à Paris, 1764. in-4°.

**) Winkelmann nous dit que cet ouvrage eſt en marbre, ce
qui nous a été confirmé par les perſonnes qui l'ont vu, &
qui aſſûrent, qu'il n'eſt rien moins que de la premiere
beauté, auſſi ne ſe trouve-t-il pas au Muſeum Royal de

Cugliacazzi fece Napoli. 1761. La h. eft de 5 p. 1 l. &
la l. de 4 p. 8 l. Cette eftampe eft une des plus rares de
Schmidt, attendu qu'il ne l'a jamais mife dans le commerce. Il y en a des épreuves, tirées fur papier de
foie jaunâtre, qui font beaucoup plus rares encore, &
dans notre collection de l'oeuvre de Schmidt, nous avons
même une contre-épreuve.

No. 163.

Le bufte de la S^te. Vierge en dévotion,
dans une ovale. Elle eft vue de face, la tête modefte-
ment inclinée, & les mains jointes. Elle eft couverte
d'un voile. L'infcription eft : Dédié à fon Excellence
Nicolas d'Efterhafy, Comte du St Empire Romain,
Chevalier de la Toifon d'or, Confeiller actuel intime,
Général de Cavalerie, Capitaine de la Garde noble Hon-
groife &c. au fervice de L. L. M. M. Impériales Royales & Ap^ques d'Hongrie & de Bohème, par fon très-
humble & très-obéiffant ferviteur Schmidt. Saffo Fer-
rato pinxit. G. F. Schmidt fculpf. Berolini 1762 d'après
un Tableau du Comte Efterhafy, commencé à St. Petersbourg & terminé à Berlin. La h. eft de 10 p. 8 l.
& la l. de 8 p. 2 l.

No. 164.

Cinq têtes d'Enfants en différentes attitudes, dont deux font endormis, d'après Fiamingo. On
lit en haut entre deux têtes. G. F. Schmidt fec. 1767.
La h. eft de 2 p. 3 l. & la l. de 3 p. 11 l. On en a des
épreuves fur du papier jaunâtre de la Chine.

Portici; mais chez un ancien officier du Roi, qui ne le
montre qu'en vertu d'une permiffion par écrit. Actuellement chaque voyageur l'obtient des Miniftres, avec la même
facilité que celle pour le grand Mufeum.

No. 165.

La Réfurrection de la fille de Jaïre. Jéfus à côté du lit prend de la main gauche celle de la jeune fille & fait l'impofition miraculeufe de la droite; le pere eft à côté de Jéfus, & la Mere eft derriere, fondant en larmes, pendant que deux amis tàchent de la confoler. Au pied du lit on voit une figure d'homme debout, la tête nue & en méditation. L'infcription eft: Chriftus gaet met Jairo om fyn dochterken te geneefen. Opgedrogen van den Heer Cefar, Oud-Secretaris van Zyne Koningl. Hoogheid Prins Hendrik van Pruyffen, 's Konings Broeder, als mede Director van de Koningl. Bank tot Berlin, door zyn Vriend Schmidt. Rembrandt pinx. G. F. Schmidt fecit aqua forti. 1767. La h. eft de 8 p. 6 l. & la l. de 10 p. 2 l. On rencontre quelquefois de cette belle eftampe des épreuves tirées fur du papier de la Chine, & même avant la lettre; mais elles font très-rares. Une copie de la même grandeur, mais dans le fens oppofé, eft faite par Grismann à Leipzig.

No. 166.

Le Philofophe dans fa grotte. Quoique ce foit le nom qu'on donne ordinairement à cette eftampe, nous croyons que le fujet repréfente le vieil Anchife, dans une grotte après l'embrafement de Troie. On voit un vénérable vieillard à barbe blanche & à tête nue affis dans l'intérieur d'une grotte à côté d'un rocher, fur lequel il y a des uftenciles, quelques livres &c. Il a le bras droit appuyé fur le rocher, avec l'air d'une trifteffe profonde. On voit à l'entrée de la grotte, mais de loin, une ville incendiée, des gens qui s'enfuyent, des foldats qui entrent par la porte de la ville &c. ce qui fait aifément penfer au fac de Troie. L'inscription eft: Dem Koenigl. Leib- und Feld-Medico, Herrn Hoff-Rath J. G. Leffer, gewidmet durch feinen Freund Schmidt. Tiré du Cabinet de M. Céfar. R. van Ryn pinx. 1630. G. F. Schmidt fec. aqua forti. 1768. La h. eft de 7 p. 3 l. & la l. de 5 p. 5 l. Les premieres épreuves font avant la dédicace. Il exifte de cette piece une copie faite par Thaenert de Leipzig. On lit en bas: Nach Schmidt von Thaenert rad.

No. 167.

La Préfentation au temple. On voit au milieu de l'eftampe le vieillard Siméon, tenant l'enfant Jéfus dans fes bras, avec Marie & Jofeph, tous trois à genoux devant le grand prêtre. Il y a fur le côté gauche de l'eftampe un groupe compofé de plufieurs figures, parmi lesquelles on remarque un vieillard qui met fes lunettes pour voir l'enfant Jéfus, & dans le lointain on apperçoit encore beaucoup de figures. L'infcription eft: Darftellung Chrifti im Tempel. Luc. cap. 2. v. 29. Dem Churfürftl. Sächf. Hoff-Mahler Herrn Dietrich zugeeignet, durch feinen Freund Schmidt. Aus der Sammlung des Herrn Director Cefar. C. W. E. Dietrich pinx. 1739. G. F. Schmidt fec. 1769. La h. eft de 8 p. 7 l. & la l. de 10 p. 3 l. On a de cette eftampe des épreuves tirées fur du papier de la Chine, & d'autres avant la lettre; mais elles font très-rares.

No. 168.

La grandeur d'ame d'Aléxandre envers fon médecin Philippe, morceau exécuté dans le goût de Gerard Audran. Le fujet offre Aléxandre malade, affis fur un lit dans fa tente au moment qu'il à pris le breuvage que Philippe lui a préfenté. Il tient encore la coupe & regarde d'un oeil fixe le médecin qui lit la lettre de Parmenion qu' Aléxandre lui a donnée. On voit derriere le médecin deux guerriers, qui par leurs geftes femblent prendre part, t`t à l'intrépidité & au péril d'Aléxandre, qu'au fou ? contre Philippe. Le lointain offre un camp & quelques guerriers. Le fujet eft entouré d'une large bordure, compofée en haut de différentes armes, & en bas de couronnes, de fceptres &c. On voit dans les deux coins de la bordure en haut deux ftatues, fymboles de la Prudence & de l'Indulgence. Aux piédeftaux de chacune, il y a un efclave enchaîné. On lit dans la bordure en bas: An. Carache inv. & pinx. L'infcription eft: Grandeur d'Ame d' Aléxandre envers fon médecin Philippe. Q. Curce. Liv. III. deffiné par B. N. le Sueur, d'après le tableau original d'An. Carache. Esquiffe à l'eau-forte par G. F. Schmidt à Berlin 1769. h. 10 pi^{es.} 6 p. fur 15 pi^{es.} de l. Dédié à Sa Majeft. Catherine IIe Impératrice de toutes les Ruffies, par fon très-humble, très-obéiffant, & très-foumis ferviteur, J. Trible. La dédicace eft gravée fur une planche féparée. & il y a deux fortes d'épreuves avant & avec la dédicace. La h. de celles avant la dédicace, eft de 16 p. & leur l. de 22 p. 7 l. La h. de celles avec la dédicace, eft de 18 p. 4 l. leur l. eft la même que la précédente. Il y a des épreuves avant la lettre & la dédicace, & des contre-épreuves.

No. 169.

Timoclée juftifiée par Aléxandre, faifant pendant avec la piece précédente, également gravée dans le goût de Gérard Audran. On voit au milieu de l'eftampe, Aléxandre affis fur fon trône, faifant figne de la main, d'ôter les fers à Timoclée, qu'un guerrier amene. Derriere elle font fes deux enfans, conduit par un autre guerrier. A la main droite d'Aléxandre on voit quelques autres guerriers & des pages, qui apportent les armes d'Aléxandre & un autre tient Bucéphale par la bride. On voit dans le lointain une ville, un camp &c. Cette eſtampe eſt ſans bordure. On lit ſur les degrés inférieurs du trône: An. Carache inv. & pinx. L'inſcription eſt: Timoclée juſtifiée par Aléxandre. Q. Curce Liv. I. deſſiné par B. N. le Sueur, d'après le tableau original d'An. Carache, h. 10 pi⁺ 6 p. ſur 15 pⁱᵉˢ de l. eſquiſſé à l'eau-forte par G. F. Schmidt à Berlin 1769. Dédié à Sa Maj. Catherine IIᵉ Impératrice de toutes les Ruſſies, par ſon très-humble, très-obéiſſant & très-ſoumis ſerviteur J. Trible. La dédicace eſt gravée ſur une planche ſéparée & il y a deux ſortes d'épreuves, avant & avec la dédicace. Comme cette eſtampe fait pendant avec la précédente, elle eſt de la même hauteur & largeur. On a des épreuves avant la lettre, & auſſi tirées au biſtre avec la lettre, mais ſans la dédicace , & ce ſont celles, que Schmidt a tirées pour eſſais. L'on a de cette eſtampe des contre-épreuves.

No. 170.

St. Pierre après le reniement de ſon Maître. Il eſt vu au milieu de l'eſtampe aſſis avec les mains jointes, & plongé dans une profonde douleur. Il a la tête nue & une grande barbe blanche. On voit les clefs à terre auprès de lui. Derriere le coq, & dans le lointain, la garde romaine ſe chauffe auprès du feu. L'inſcription eſt: F. Bol pinx. G. F. Schmidt ſec. 1770. Du Cabinet de Monſieur le Conˡˡᵉʳ Trible. Comme cette piece fait pendant avec le Philoſophe dans ſa grotte, indiqué ſous No. 166. elle eſt auſſi de la même grandeur.

No. 171.

Un groupe de trois Enfans, mangeant du raifin, piece de forme ovale. Un des deux eſt couronné de feuilles de vignes. Il y a derriere le groupe deux troncs d'arbres, entortillés de pampres. On lit en bas: F. Flamand inv. G. F. Schmidt fec. aqua forti 1770. La h. eſt de 4 p. 9 l. & la l. de 6 p. 5 l. On rencontre quelquefois des épreuves tirées fur du papier de la Chine, mais rarément.

No. 172.

La Préſentation de la Ste. Vierge au temple, terminée au burin. On voit au milieu de la planche la Vierge à genoux dans une attitude modeſte & dévote devant le grand prêtre qui la releve & lui donne la bénédiction. Ses parens font agenouillés derriere elle. Un groupe d'anges, portant une corbeille de fleurs, plane au deſſus d'elle. Un des anges lui jette des fleurs. Le reſte du tableau eſt rempli de beaucoup de figures qui aſſiſtent le grand prêtre dans ſes fonctions ou qui font ſpectateurs. L'inſcription eſt: La Préſentation de la Ste. Vierge au temple, tableau de la galerie impériale de St. Petersbourg. Haut. 10 pics. 4 pouces, large 7 pics. 4 pouces. Dédié à Sa Maj. Catherine IIe. Impératrice de toutes les Ruſſies, par ſon très-humble, très - obéiſſant & très - foumis ferviteur J. Trible. Peint par Pietro Teſta & deſſiné par B. N. le Sueur. Gravé par G. F. Schmidt, Graveur du Roi, à Berlin 1771. La h. eſt de 22 p. 7 l. & la l. de 15 p. Il y a des épreuves avant la dédicace & les armes, mais elles font très-rares. Un eſſai, fait de cette planche, a été vendu par M. Royer graveur à Berlin en 1783 pour le cabinet du Roi à Paris, & la contre-épreuve de cet eſſai eſt à Berlin.

No. 173.

Lot avec ſes Filles. Le Patriarche en habit oriental avec un turban ſur la tête, eſt aſſis entre ſes deux filles vis-à-vis d'une table. L'une lui préſente de la main droite une coupe en le careſſant de l'autre, pendant que ſa ſoeur, qui eſt debout derriere ſon pere, ſemble vouloir tourner ſon attention ſur elle même. Il y a ſur la table un grand flacon d'une façon antique, un plat avec des fruits, & un couteau. L'inſcription eſt: Lot avec ſes filles. Dédié à Son Alteſſe Royale Mgr. le Prince Henri de Pruſſe; frere du Roi, par ſon très-humble & très-obéiſſant ſerviteur Schmidt. Rembrandt pinx. G. F. Schmidt ſec. aqua forti 1771. Le Tableau Original ſe trouve dans la Collection de S. A. R. La h. eſt de 10 p. 8 l. & la l. de 8 p. On rencontre auſſi des épreuves avant la dédicace; mais très-rarement. Dans notre collection de l'oeuvre de Schmidt, nous avons trouvé une eau-forte *), avec la contre-épreuve, mais de telles curioſités ſont presque introuvables. Une piece en maniere noire anglaiſe intitulée: „An Amoriſt aged,“ paroît être une copie de cette eſtampe.

No. 174.

Le monument funeraire de Mitchel. On voit ſur un piédeſtal élevé, les armes du défunt, couvertes en partie d'un grand drap mortuaire, qui enveloppe auſſi le piédeſtal, & qui porte l'inſcription ſui-

---

*) Nous ferons remarquer aux amateurs & encore plus aux artiſtes, 'que la poſſeſſion de pareils eſſais, leur doit être-très-précieuſe, vu qu'ils pourront diſtinguer la maniere dans laquelle Schmidt travailloit ſes planches, gravées à l'eau-forte dans le goût de Rembrandt, qui paroît être toute différente de celle adoptée par d'autres artiſtes,

vante: André Mitchel, Chevalier de l'ordre du bain, Député au Parlement de la Grande-Bretagne, Envoyé extraordinaire & Ministre plénipotentiaire du Roy, à la Cour de sa Majesté le Roi de Prusse. Décédé à Berlin le XXVIII. Jan. MDCCLXXI. On lit encore en haut de l'estampe: In memory of my Benefactor and worthy Friend, Sir Andrew Mitchel, dedicated to Alexander Burnet, Esqr His Majesty's Chargé des affaires at the Court of Berlin, from his most obedient humble servant. Ims Trible, Berlin the 26th· March. 1771. & tout en bas de l'estampe L. S. le Sueur del. S. sc. La h. est de 12 p. 4 l. & la l. de 8 p. Gravé dans l'année 1771.

No. 175.

Sara donne sa servante Agar pour femme à Abraham. Le Patriarche est représenté assis devant un lit à rideaux. Sara qui est debout à sa droite, prend d'une main celle de son mari, & lui montrant de l'autre Agar, semble lui persuader de l'accepter. La jeune fille à demie deshabillée, est debout à la gauche d'Abraham, qui à son tour lui prend la main. Un curieux, à la droite de l'estampe, regarde par l'ouverture d'un rideau. Deux chaises, couvertes d'habits, une table avec une cruche, un petit chien &c. servent à compléter le tableau. La lettre en bas est: Sarai giebt ihrem Manne Abraham ihre Magd Hagar zum Weibe, aus dem Cabinette des Herrn Director Cesar. C. W. E. Dietrich pinx. 1757. G. F. Schmidt sec aqua forti 1773. La h. est de 8 p. 10 l. & la l. de 12 p. 6 l. On en a des épreuves avec la lettre, tirées sur du papier jaunâtre de la Chine, mais elles sont bien rares. Nous avons rencontré dans l'oeuvre de notre artiste, une eau-forte avec sa contr'épreuve,

No. 176.

La S^te. Vierge avec l'enfant Jéfus & le petit S^t. Jean. Elle eſt aſſiſe & tournée vers la main droite de l'eſtampe. Elle tient l'enfant, & met la main gauche fur les épaules du petit S^t. Jean, qui eſt debout devant elle, & qui poſe dévotement les deux mains fur la poitrine pour adorer le Saint enfant, tandis que celui-ci étend le bras gauche pour le careſſer. La lettre en bas eſt: Ant. van Dyck pinx. G. F. Schmidt fec. aqua forti 1773. Tiré de la Collection de S. A. R. Mg^r. le Prince Henri de Pruſſe. La h. eſt de 8 p. 2 l. & la l. de 7 p. 9 l. On rencontre, mais rarement, des épreuves avec la lettre, tirées fur du papier de la Chine, & avant les mots, Tiré — Pruſſe, fur papier ordinaire.

No. 177.

La vieux Tobie raillé par ſa femme. Il eſt vu aſſis fur un banc dans une treille devant la porte de ſa maiſon, avec les mains jointes & les pieds poſés fur une chaufferette. Sa femme un devidoir à la main, eſt aſſiſe à gauche. Elle ſe tourne vers lui, & ſemble lui faire des reproches. On voit auſſi une chévre derriere une haie. Le lointain repréſente un payſage avec un bâtiment. La lettre en bas .eſt: Der alte Tobias wird von ſeinem Weibe verſpottet. Aus dem Cabinet des Herrn Director Celàr. Rembrandt pinx. G. F. Schmidt fec. aqua forti 1773. La h. eſt de 8 p. & la l. de 8 p. 11 l. Les épreuves avec la lettre, tirées fur du papier jaunà- tre de la Chine, font très-rares, comme auſſi celles avant la lettre fur du papier ordinaire.

No. 178.

Un Payſage, repréſentant la vue de l'entrée du village de Panko près de Berlin. On voit à main droite

de l'eſtampe deux chaumieres derriere un arbre de moyenne hauteur, ſous lequel un homme debout parle à
des femmes, qui ſont aſſiſes ſur une longue poutre po-
ſée à terre. On voit encore vers la gauche de ce payſage un arbre fort élevé, derriere lequel il y a une haie.
On reconnoît encore cette eſtampe à trois troncs d'arbres, mis à terre devant la poutre, à un puits derriere
la haie, & enfin à un chien, courant vers la main gauche
de la planche. On lit en haut. G. F. Schmidt ſec. 1773.
Cette eſtampe eſt très-rare. La h. eſt de 3 p. 9 l. & la
l. de 6 p. 6 l. Les épreuves avec le nom de Schmidt,
tirées ſur du papier de la Chine, & celles avant le nom
de ce maître, ſont extrémement rares.

No. 179.

Autre Payſage. On voit au milieu une maiſon ruſtique avec un eſcalier de ſix marches qui mene
à la porte, devant laquelle il y a une femme occupée à
ſécher du linge. On voit encore ſous l'eſcalier, l'entrée d'une cave, devant laquelle paſſe une femme, qui
mene un enfant de la main gauche, & porte une corbeille dans la droite. Pour mieux reconnoître encore
ce payſage, qui ne porte ni date, ni le nom du peintre,
qui paroît être Roos, ni celui du graveur (quoiqu'il
ſoit indubitablement de Schmidt) on voit à main droite
de l'eſtampe une vache, un chien, & quelques brebis,
qui dirigent leur marche de ce côté-là; & à main
gauche il y a un mur avec une porte ouverte, qu'en-
file un homme avec une corbeille au bras. D'ailleurs
on apperçoit à côté de cette porte dans un coin un homme
qui lache de l'eau, & par l'ouverture de la porte dans le
lointain un homme à cheval, à qui un pauvre demande
l'aumône. Cette eſtampe faite en 1773. eſt fort rare.
La h. eſt de 5 p. 4 l. & la l. de 7 p. 6 l.

[113]

No. 180.

Un Vaſe, avec un anſe & un bec, dans le goût de Polydore, élégamment orné. Le ventre du vaſe eſt orné de feſtons, attachés avec des rubans, & autour du pied, il y a trois jeux d'enfants. On lit autour du pied. G. F. Schmidt ſculp. 1774. La h. de l'eſtampe eſt de 6 p. 5 l. & la l. de 4 p. 1 l.

No. 181.

Vignette en cartouche, pour la bibliothéque du Baron de Kottwitz, d'après un deſſin de le Sueur. Au milieu on voit les armes du Baron, au deſſus desquelles un petit Génie tient une couronne. Un autre, qui eſt à gauche, tient un tapis avec cette inſcription: R. G. Baron de Kottwitz de Boyadel. On lit près du pied de ce petit Génie: Schmidt fec. La h. eſt de 3 p. 6 l. & la l. de 2 p. 9 l. Cette piece eſt extrémement rare. Elle eſt de l'année 1774.

No. 182.

Vignette, pour la dédicace du livre du Comte Algarotti au Roi de Pruſſe, avec la lettre griſe C. On voit le médaillon du Roi, orné de lauriers & porté par trois Génies, dont l'un repréſente la Renommée. Le temple de l'Immortalité ſe voit dans le lointain à gauche. On lit au deſſous du médaillon : Au Roi; & encore plus bas: Sire. La lettre griſe C. a pour ſujet un petit payſage avec le ſoleil levant derriere un arbre. On lit au deſſus les mots: Au Roi; & tout près des nues ſur lesquelles les Génies ſont aſſis, en caractères à peine liſibles: Schmidt inv. & ſculpf. La h. eſt de 4 p. 3 l. & la l. de 2 p. 10 l. Cette piece eſt fort rare. Elle a été gravée en l'année 1774.

H

No. 183.

Vignette, pour quelque livre de poëfie. Elle repréfente trois Génies fur des nues, dont deux portent une lyre & le troifieme un compas. On lit en bas: Schmidt inv. & fecit. Sans année. La h. eft de 2 p. 7 l. & la l. de 2 p. 7 l.

No. 184.

Les planches, vignettes & culs.- de-lampes, d'après les deffins de Schmidt pour les fix chants d'un Poëme intitulé: Le Palladium. Ce poëme épi-comique écrit en françois par le Roi de Pruffe défunt, eft à ce qu'en difent le petit nombre de perfonnes qui l'ont lu, dans le goût de la Pucelle. Il petille d'efprit & de traits fatyriques relatifs à la guerre de fept ans, (c'eft à cette époque, qu'il fut compofé). L'augufte auteur n'en fit tirer que très-peu d'exemplaires, & n'étant pas content de cette édition, il fit faire une feconde à fon château. Il en fit tirer douze exemplaires dont il n'en diftribua que fix, les autres, de même que ceux de l'édition précédente, furent brûlés par fon ordre; c'eft ce qui a rendu cet ouvrage fi rare, & ce qui nous empêche d'offrir aux curieux une explication détaillée des eftampes. Nous allons cependant risquer d'en donner une defcription, en commençant par les fix grandes planches pour les fix Chants.

*) Planche pour le Chant Ier. Une grande tente fous un arbre, à l'entrée de laquelle il y a une nombreufe affemblée de chevaliers. Ils font armés de toutes pieces & rangés en deux files. Un chevalier diftingué, placé entre deux files, harangue l'affemblée. Un autre à fa droite femble le menacer, & porte la

main à son épée, mais un troisieme tâche de l'appaiser. On voit dans le lointain trois chevaux devant deux tentes, deux palfreniers les tiennent par la bride. On lit en bas : Chant I.

*) Planche pour le Chant II^d. Un Dieu dans le ciel, assis sur son trône, la couronne en tête, le sceptre en main, est entouré d'une Gloire de têtes d'anges. Junon ou Vénus, à genoux, à côté de lui, le caresse. Une autre figure de femme, est assise sur les nues à la gauche de ce Dieu. On voit en bas l'Eglise romaine représentée par nombre de peres, de papes, d'évêques, de moines, de religieuses &c. qui adorent ce Dieu. La lettre en bas est : Chant II.

*) Planche pour le Chant IIIeme. Un paysage montagneux. Un détachement de hussards, passant par un défilé sur la droite, amene un prisonnier de guerre qu'ils ont pillé. Il est en chemise & en culotte, nuds pieds, un bonnet sur la tête & un bâton à la main. Un détachement de Croates, sortant d'une grotte, semble être plein de joie à la vue des hussards & du prisonnier. La lettre est : Chant III.

*) Planche pour le Chant IVeme. Une tempête furieuse, avec des éclairs. Un vaisseau près de couler à fond. Les débris d'un naufrage. Des hommes qui se noient. Il y en a un sur le devant, qui se sauve sur quelques fragmens de bois. Sur les nues on voit un vieillard avec une grande barbe (peut-être un Saint, à en juger par l'auréole qui entoure sa tête), qui tend un morceau de toile à l'homme en danger &c. celui-ci le prend & se sauve. On lit en bas : Chant IV.

*) Planche pour le Chant Veme. L'intérieur d'une chambre dont la porte est ouverte. En haut on voit

planer la Discorde, secouant d'une main sa torche allumée, & tenant de l'autre un serpent qui lui ronge les mamelles. Une chauve-souris & un petit dragon volent à côté d'elle, un homme de grande condition, (à en juger par son habit richement galonné & par le cordon qu'il porte), assis auprès d'une table devant une croisée, semble par le geste qu'il fait de la main gauche, appercevoir la Discorde. Cet homme en perruque, en bottes & en éperons, appuyé le bras droit sur la table. Un chien couché aux pieds de son maître, semble être effrayé de cette apparition & aboie. Un chapeau, un manteau, une épée &c. sont suspendus à des crochets dans le fond de la chambre; un coffre, une chaise &c. servent à compléter le sujet. Il y a sur la table du papier, un encrier, un livre &c. On lit en bas: Chant V.

f) Planche pour le Chant VIeme. Un combat de deux guerriers à cheval, habillés à la romaine. L'un veut porter un coup d'épée à son ennemi, que l'autre pare de son bouclier. Le lointain représente deux armées opposées, rangées en ordre de bataille, en attendant le signal du combat. La lettre est: Chant VI.

Ces 6 planches sont toutes à peu près de la même grandeur, savoir de 8 p. & 1 2 3 jusqu'à 4 l. de h. sur 6 p. 4 6 7 jusq'à 8 l. de l.

Les Vignettes pour les 6 Chants du Palladium sont en 10 pieces. Comme nous n'avons jamais vu ce poëme, nous ne sommes pas en état de dire pourquoi il y a 10 vignettes pour 6 chants, ni dans quel ordre ces vignettes se suivent, ainsi que les 6 culs-de-lampes, par conséquent nous nous contenterons d'en décrire les sujets sans ordre.

[117]

*) Premiere Vignette. Un groupe de trois figures,
compoſé de Mercure & de deux figures de femmes.
Mercure tenant dans la main gauche ſon caducée, &
un rouleau de papier ſur lequel eſt écrit: Perſuaſion,
met un anneau au doigt d'une de ces figures de femmes, laquelle tient dans la main droite une trompette
& un livre ouvert avec l'inſcription: A l'amitié.
L'autre figure de femme, qui eſt au milieu & qui
n'a aucun attribut caractériſtique, ſemble être une
médiatrice. Il y a derriere ce groupe un boccage
avec un vaſe ſur un piedeſtal. On voit encore dans
le lointain Pégaſe ſur un rocher, & le temple de l'Immortalité. La ſignification de ce ſujet eſt aſſez difficile à deviner.

*) Seconde Vignette. Danſe de trois faunes & de trois
nymphes. On voit ſur la droite un vieux ſatyre & un
jeune, l'un jouant de la corne-muſe, l'autre de la
flûte. On voit encore à main gauche de la planche un
homme & une femme ſous une petite tente dans une
poſture très-indecente. Un enfant, qui eſt à côté,
fait le ſigne du myſtere. Un terme de Priape devant
un boccage & quelques ruines, compoſent le lointain. Sujet très-libre.

*) Troiſieme Vignette. Une place publique, ou une
grande cour devant un bâtiment magnifique, cons-
truit en demi-cercle, avec un perron, ſur lequel
on voit un vieux philoſophe, haranguer la foule qui
remplit cette partie de la cour, proche du bâtiment.
Un obéliſque, décoré de deux drapeaux, ſur lesquels on remarque les doubles aigles, s'éleve au milieu de la place.

*) Quatrieme Vignette. Le parloir d'un couvent. Une
religieuſe paſſe ſa main par la grille, que ſon amant

baife avec transport. Le lointain qu'on voit par la porte ouverte du couvent, repréfente une églife avec un clocher.

*) Cinquieme Vignette. On apperçoit à la droite de l'eftampe, fous un arbre, un homme élégamment habillé qui, dans une pofture indécente, veut forcer une jeune fille, qui fe défend. A gauche on voit un camp de huffards qui s'occupent à faire la cuifine. Un Saint en longue robe, caractérifé par l'auréole, defcend du ciel fur une nue, & fait figne des deux mains, tant du côté de l'homme fous l'arbre, que du côté des huffards.

ƒ) Sixieme Vignette. Un repas entre deux dames & deux feigneurs de diftinction fous une tente à la gauche de l'eftampe. L'un des feigneurs, & les deux dames font dans le coftume oriental; l'autre feigneur eft habillé à la françoife. Ils font fervis par trois domeftiques. On voit à côté du feigneur en habit françois un gros chien. Le lointain eft un payfage.

*) Septieme Vignette. Elle repréfente la figure de Dieu le Pere, affis au haut du ciel fur les nues, ainfi qu'une affemblée de vieillards & de guerriers; nous ne déciderons pas, fi les figures qu'on voit à gauche, font des patriarches, des apôtres, des faints, ou des philofophes payens &c. On apperçoit encore à la droite, l'archange Michel, faififfant par les cheveux un homme en manteau, & le frappant de fon glaive flamboyant, pendant qu'une foule de papes, d'evêques, de moines & de prêtres proteftans, pleins d'effroi prennent la fuite. Sujet difficile à décrire, & plus difficile encore à expliquer.

ᵃ) Huitieme Vignette. Un homme couché & endormi, voit en fonge un Saint en habit pontifical avec un hibou à côté de lui. Il annonce par fon gefte, l'agitation que lui caufe cette vifion.

ᵇ) Neuvieme Vignette. Place publique d'une ville: à la droite de la planche on apperçoit dans les airs St. Pierre & St. Antoine montés, le premier fur un coq, tenant les clefs du paradis dans la main droite, & l'autre fur un cochon décoré d'un grand rofaire. Les deux Saints femblent prendre leur chemin du veftibule d'un grand édifice à la gauche de la piece, où l'on voit encore le dôme d'une églife, qui s'éleve derriere une rangée de maifons.

ᶜ) Dixieme Vignette. On voit une fala terrena, qui donne fur un jardin. Dans cette faile on remarque un vieillard dans une niche, qui juge deux femmes placées devant lui; derriere une de ces femmes, on en voit trois autres; le jardin eft décoré de ftatues, de fontaines & d'enfans qui jouent.

Ces Vignettes font toutes de la même grandeur, favoir de 3 p. 2 l. de h. fur 5 p. 7 l. de

Les 6 culs-de-lampes repréfentent.

ᵈ) Premier cul-de-lampe. Un Saint avec l'auréole fous la figure d'un jeune homme élégamment habillé à la françoife, bourfe à cheveux, chapeau fous le bras, épée au côté & un long bâton dans fa main gauche, defcend du ciel fur un nuage, & apparoît à deux perfonnes de diftinction à genoux. Le premier, très-richement habillé & décoré du cordon de quelque ordre, femble, par le gefte qu'il fait avec fon chapeau, lui demander quelque grace.

ᵉ) Second cul-de-lampe. L'extérieur d'un couvent. On apperçoit à une fenêtre ouverte une religieufe, chez laquelle son amant monte par une échelle de corde à la lueur d'une lanterne, que tient un prêtre catholique, qui reçoit en récompense une bourse d'argent.

c) Troisieme cul-de-lampe. Un boccage, où il y a un lièvre chassé par deux chiens.

d) Quatrieme cul-de-lampe. Dieu le Père, sur des nues sous la figure d'un vieillard, observant avec un grand téléscope une bataille qu'on livre dans le lointain. On remarque encore au bas, le masque d'un vieillard avec de grandes lunettes sur le nez.

e) Cinquieme cul-de-lampe. L'entrée de l'enfer, sous la forme de la gueule d'un monstre, avec de grands yeux, des cornes, de narines fumantes &c. On apperçoit dans l'intérieur un diable, fumant sa pipe, & tournant la broche à laquelle est un damné, un autre remuant dans une chaudiere un autre damné. On y voit la roue d'Ixion, & un autre damné empalé.

f) Sixieme cul-de-lampe. Un enchantement. Un conjurateur en habit richement galonné, tenant dans la main droite un grimoire & une plante, & dans l'autre une canne, décrit autour de lui un cercle magique. L'esprit évoqué apparoît sous la figure d'un grand sanglier, à la vue duquel deux hommes, richement vêtus, prennent la fuite saisis d'épouvante.

Ces six culs-de-lampes, sont presque tous de la même grandeur, savoir de 3 p. 11 l. à 4 p. de h. sur 4 p. & 3 à 4 l. de l.

Toutes ces vignettes &c. ont été gravées par Schmidt dans 1774.

No. 185.

Cartouche, pour le grand plan de la ville de Berlin. Ce plan, compofé de 4 feuilles, eft gravé par F. G. Berger le pere, & Schmidt y a ajouté un grand cartouche, ainfi que quelques arbres dans la partie pittoresque du plan. On voit dans ce cartouche, qui fe trouve fur la premiere feuille en haut à gauche, une grande pierre carrée appuyée contre un obélisque décoré en haut de trophées avec cette infcription: Plan de la ville de Berlin, levé & deffiné par ordre & privilege du Roi, fous la direction du Maréchal Comte de Schmettau par Hildner, approuvé par l'Académie Royale des Sciences à Berlin, gravé fous la direction de G. F. Schmidt, graveur du Roi. Le haut de cette piece eft furmonté de l'aigle pruffien, & des armes de la ville de Berlin, favoir un ours qui fe dreffe. Le Dieu de la Sprée, verfant fon urne, des enfans, occupés à la pêche, des bateaux chargés &c. font allufion à la fituation & à l'activité des habitans de cette capitale, d'après le deffin d'une étude par M. Cochin fils. La h. de cette partie du plan, qui contient le cartouche, eft de 18 p. 5 l. & la l. de 15 p. 7 l. Gravé en 1774.

No. 186.

Vignette ou Cartouche, orné à gauche de grappes de raifin & à droite d'épis de bled. On voit affis fur la gauche du cartouche, Cupidon qui boit un verre de vin & qui tient de la main gauche un bouteille de Champagne. Devant lui eft placé une cantine, un arc & une flèche. A droite il y a un fourneau de Chimifte, fur lequel eft placée une retorte. A droite de ce fourneau on voit une pincette & à gauche deux flacons fur un foyer. Au deffus de ce Cartouche, il

y a une banderole déployée avec l'inscription: A L'Hô-
tel de Vincent à Berlin; & au deſſus de cette banderole
un aigle couronné & les ailes déployées, tenant dans la
ſerre droite un ſceptre & dans la gauche un glaive. Sans
le nom de Schmidt & ſans année.   Cette piece eſt tra-
vaillée dans le même goût & auſſi mauvaiſe que No. 171.
La h. eſt de 4 p. 1 l. & la l. de 2 p. 9 l.

TABLE DU CONTENU.

Dédicace.

Avant-Propos.

Abrégé de la Vie de Schmidt.

Catalogue raifonné.

  Premiere partie.   Pag. 1

    Gravure au burin.   1

    Portraits.   1

  Sujets hiftoriques, fatyriques, galants,
    & eftampes pour livres.   47

  Seconde partie.   67

    Gravure à l'eau-forte   67

  Portraits inconnus.   67

    — connus.   79

  Sujets hiftoriques & eftampes pour livres.   93

Cet ouvrage fe trouve à Amfterdam, Berlin, Hambourg, Jena, Leipzig, Londres, Paris, St. Pétersbourg, Strasbourg, Varfovie, Vienne.

CORRECTIONS ET OMISSIONS.

Page 6 ligne 6 *au lieu de* 7 *lisez* 6. Ibid. l. 24 *effacez* G. G. P. 22 l. 19 *au lieu de* 1729. *lisez* 1739. P. 28 l. 13 *au lieu de* Huber *lisez* Ruber. P. 29 l. 26 *au lieu de* T. *lisez* L. P. 32 l. 6 *au lieu de* 1745. peu avant son depart, *lisez* 1745. Cette estampe a été faite peu avant son depart. P. 35 l. 2 *au lieu de* Invictum *lisez* Incoctum. Ibid. l. 27 *après* à Berlin *ajoutez* Aux premieres épreuves le mot à Berlin, n'est que foiblement marqué & ne se trouve point aux posterieures. P. 38 l. 1 *au lieu de* Königl. Preuss. Etats, *lisez* Königl. Preuss. würckl. Geh. P. 40 l. 17 *au lieu de* Tzschemesow *lisez* Tschemesoff. Ibid. l. 30 *au lieu de* Charles *lisez* Carlos. P. 43 l. 21 *après* Societatis *ajoutez* Regalis. P. 44 l. 5 *après* pinx. *ajoutez* 1732. Ibid. l. 26 *après* Prusse *ajoutez* Frere du Roy. Présenté à Son Altesse Royale. P. 49 l. 18 *au lieu de* Deux *lisez* Dix. P. 53 l. 14 *rayez* & Compie. P. 53 l. 28 *après* sculps. *ajoutez* Les premieres épreuves sont avec la susdite adresse de Larmessin & les secondes avec celle de à Paris chez Gaillard &c. P. 55 l. 1 *après* Buldet *rayez* & Compie. Ibid. l. 16. *au lieu de* deux *lisez* trois. Ib. l. 19 *après* Schmidt *ajoutez* & les troisiemes avec l'adresse à gauche de l'estampe /Paris chez Buldet. P. l. 56 derniere, *au lieu de* Voilà *lisez* En celsa. P. 66 l. 14 *après* Schmidt *ajoutez* inv. et P. 81 l. 17 *au lieu de* trois *lisez* quatre. Ib. l. 23 *au lieu de* & sans le nom du graveur, au lieu duquel *lisez* aux troisiemes au lieu du nom du graveur. Ib. l. 24 *au lieu de* troisiemes *lisez* quatriemes. Ib. l. 25 *au lieu de* secondes *lisez* troisiemes. P. 87 l. 14 *après* Paris; *ajoutez* gravé par le même. Ib. l. 26 *après* Schouwalow — *ajoutez* de Sage gravé & présenté. P. 90 l. 4 *après* &c. *ajoutez* AC. P. 103 l. 20 *après* Esterhasy *ajoutez* Cette estampe a été. P. 110 l. 11 *rayez* le Sueur.

*T*elle est la collection précieuse, sur laquelle nous avons composé ce Catalogue; elle est tirée du porte-feuille de feu M. Schmidt, elle a été rassemblée avec beaucoup de soins & de dépenses pendant plus de trente ans, & nous l'offrons avec le plus grand détail aux vrais amateurs. Ceux qui voudront se la procurer ou avoir des éclaircissemens, sur le prix &c. pourront s'addresser à M. Chrétien Gott-lieb Hilscher, Libraire à Leipzig.

Elle consiste en tout en

399. Feuilles des plus belles Epreuves, savoir

272. —— Epreuves choisies avec la lettre, avec les armes &c.

47. —— Epreuves, avant la lettre, avant les armes &c.

32. —— Epreuves sur du papier de soie jau-nâtre de la Chine.

7. —— de Contre - Epreuves.

28. —— de copies faites d'après Schmidt.

6. Estampes originales que Schmidt a copiées.

3. Estampes douteuses de Schmidt.

2. Estampes d'après les dessins de Schmidt.

2. Estampes des Eleves Russes de Schmidt.

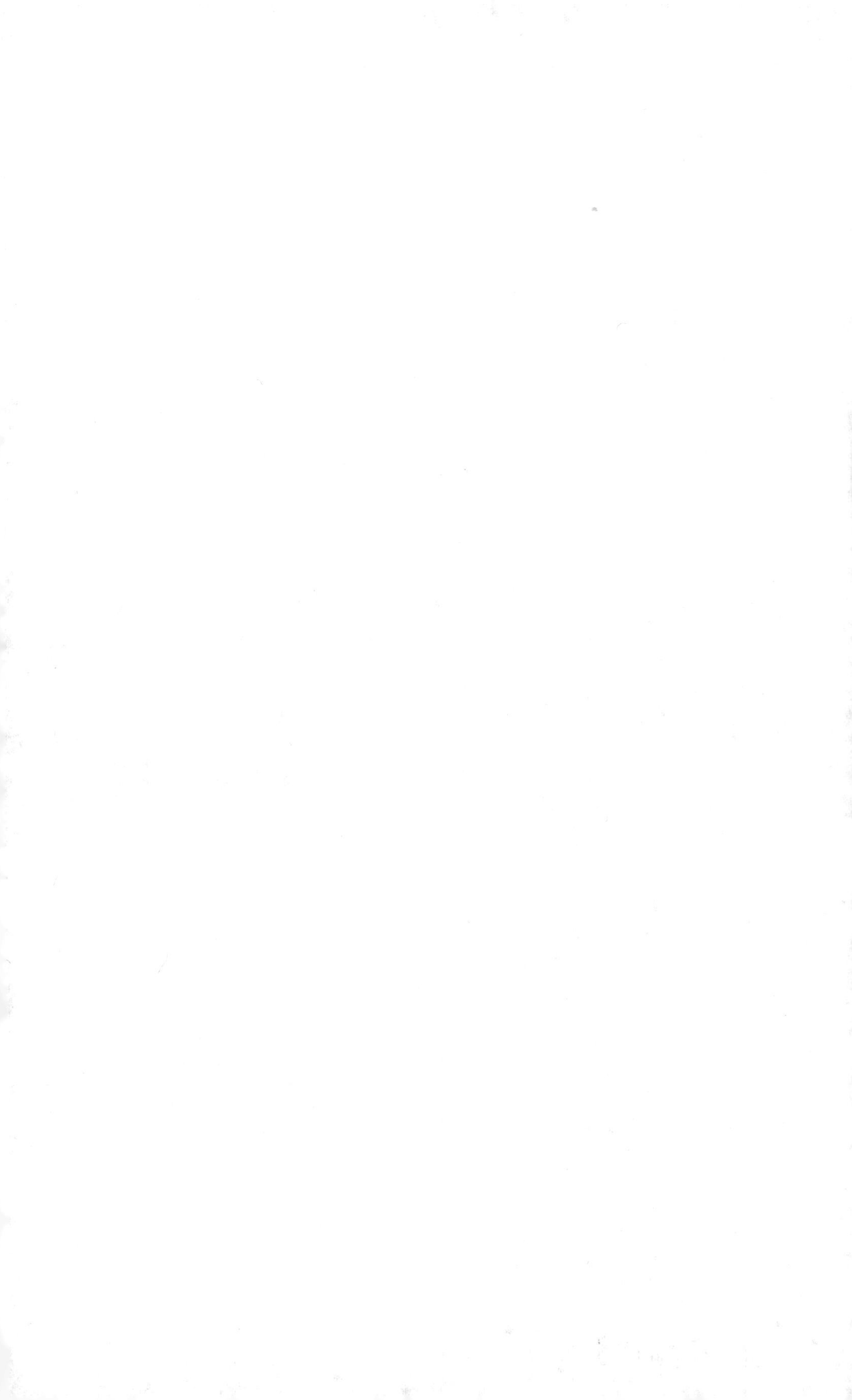